MONDE NOIR

Collection dirigée par Jacques Chevrier

La Parenthèse de sang

Pièce primée lors du 9e Concours théâtral interafricain

suivi de

Je, soussigné cardiaque

Pièce primée lors du 7e Concours théâtral interafricain

Sony Labou Tansi

THÉÂTRE

HATIER
INTERNATIONAL

Sommaire

Les pièces publiées dans ce volume ont été primées dans le cadre du CONCOURS THÉÂTRAL INTERAFRICAIN organisé par Radio France Internationale en union avec les radiodiffusions de 20 pays d'Afrique et de l'océan Indien.

Fondé en 1967, le CONCOURS THÉÂTRAL INTERAFRICAIN a suscité depuis des milliers de candidatures. Plusieurs centaines de pièces ont été radiodiffusées et présentées sur scène. Plusieurs dizaines ont été publiées.

© Éditions Hatier, 1981
© Éditions Hatier International – Paris 2002
Reproduction interdite sous peine de poursuites judiciaires
ISBN 2-7473 0210-5

La Parenthèse
de sang

À José Pivin

« C'était donc cela sortir de la "vie brute" pour aller croire en tous ces cœurs qui font chœur en nous ! Cela donc, la preuve qu'il n'y a pas de néant. Toute ma chair penche en toi : nous avons fondé l'anti-trou ; l'âme c'est nous sans les mots. »

S.L.T.

Les personnages

KALAHASHIO   Femme de Libertashio, recherché par le pouvoir
                    local.

RAMANA
ALEYO   } Filles de Libertashio.
YAVILLA

MARTIAL-
MAKAYA   Neveu de Libertashio.

LE FOU

LES SERGENTS } Quinze.
LES SOLDATS

LE DOCTEUR PORTÈS

MADAME PORTÈS

LE CURÉ

Le premier soir

L'Angélus du soir sonne au loin. Rafales de mitraillettes. Clairons.
Atmosphère de guerre.

LE PROLOGUE

Ça commence – en ce siècle douloureux. Qu'on l'ouvre ou bien qu'on la ferme – cette parenthèse de sang – cette parenthèse d'entrailles. Ça commence, mais ça ne finit plus. ça commence comme un match de football : quatre-vingt-dix minutes, deux mi-temps, vingt-deux joueurs, trois arbitres – c'est la vie vue de dehors de la vie.

Or les jeux de fin de monde sont jeux d'enfants : rien qu'on pourrait prendre au tragique, avec cet ami qui vous affirme que la situation est à la limite distrayante. Mais pas d'Afrique, s'il vous plaît ! Pas d'Afrique dans ce match de foot-bas qui oppose deux parenthèses : les Onze du Sang contre les Onze des entrailles – évidemment, la situation est distrayante, et la règle élémentaire du football, nous la connaissons tous : « Jamais de passe à un joueur marqué. »

Maintenant que tous les joueurs sont marqués, à qui faire cette passe de viande, à qui la faire cette passe d'état civil, cette passe d'identité en clair ? Nous vous la faisons. Tant pis pour qui la perdra. L'arbitre est un ancien fou : il siffle à l'envers.

Le rideau s'ouvre.
Grande villa bleue. Sur la terrasse, une table qui attend. Dans la cour, trois
jeunes kambala qu'on entendrait pousser ; sous les kambala, trois tombes
dont une relativement récente.
Le fou arrête les feuilles dans leur chute, les écrase comme des êtres vivants
et en bouffe les pédoncules.

LE FOU, *à une feuille.* – Eh ! Obramoussando ! Pas sur la tombe de Libertashio. *(Un temps.)* Arrière ! Arrière ! Lessayino ! Arrière, Agoustano. Laissez-lui la paix à ce pauvre Libertashio.
(Martial vient s'asseoir à la table, il est en noir. Il croise les bras et attend.)
Pas sur la tombe de Libertashio.
(Le fou a déjà un paquet de feuilles dont il bouffe les pédoncules. Quand ses mains sont pleines, il vient jeter les feuilles sur la terrasse.)
Libertashio aimait la propreté. La propreté chasse les maladies de la peau.
(Yavilla, Ramana et Aleyo viennent s'asseoir avec Martial. Elles sont en noir. Long silence.)
Propreté en bas, propreté en haut ! *(Un temps.)*
Propreté dehors, propreté dedans !

MARTIAL. – Je n'aime pas ce fou.

RAMANA. – Je le trouve sympathique.

ALEYO. – On dirait que c'est l'esprit de notre pauvre père qui remplit sa tête.
(Tandis qu'il donne aux feuilles les noms inventés de sa folie.)

RAMANA. – Y a des moments où ce fou...

LE FOU. – Hé ! S'il vous plaît, Larmonta ! Pas sur la tombe.

RAMANA. – Larmonta, pourquoi Larmonta ?... Il y a des moments où ce fou devient tout feu notre père, mais à l'envers.

MARTIAL. – L'enfer ! *(Un temps.)* L'enfer c'est quand tout le monde aime ce que toi tu détestes. *(Un temps).* Mais je partirai d'ici : je vous débarrasserai de ma carcasse. Je...

ALEYO. – Ne sois pas moche, Martial. Même si le berger étant mort, les brebis...

MARTIAL. – On me chasse adroitement. On me chasse d'une manière ou d'une autre : c'est cela être moche.

LE FOU. – Hé ! Kanamasha ! Pas sur la tombe de Libertashio. Ton sang est maudit.
(Il bouffe la feuille qu'il appelle Kanamasha.)
Ton sang est pourri.

KALAHASHIO. – À table !
(Kalahashio vient sur la terrasse. Elle est en bleu.)

RAMANA – Quand on mangera chaud dans cette maison ! Quand on mangera chaud !

KALAHASHIO, *autoritaire.* – La minute de silence, s'il vous plaît.
(Ils se lèvent et l'observent tandis que le fou continue à parler aux feuilles.)

LE FOU. – Arrière, Pangahishio ! Arrière, Obimashani ! *(Aux autres qui commencent à dîner.)* Eh ! Donnez-moi un morceau. Les fous aussi ont faim. *(Un temps.)* Arrière !

KALAHASHIO, *elle lui remplit une assiette de riz aux haricots.* – Viens prendre ça, Moushiato ! *(Il prend.)* Attention à l'assiette.
(Le fou s'assoit au pied de la terrasse et mange. Grand rire du fou.)

LE FOU. – Qu'est-ce que vous avez mis dans votre riz ?
(Il vide l'assiette rapidement.)
Encore un peu : les fous mangent deux fois.
(On lui remplit l'assiette.)
Pas sur sa tombe, s'il vous plaît. Pas sur sa tombe.

(*Aux autres.*) Vous voulez que je vous raconte ? Un lundi. Lundi sera la septième fois. La septième fois un lundi matin.
(*Il finit sa deuxième assiette.*)
Encore. Encore un peu. Nous sommes douze dans mon corps. On y est serré comme des rats. Encore, puisque douze, ça mange comme douze. Et puis, mon vieux ! Il y a Sakomansa parmi les douze. Sakomansa mange comme quatre.

MARTIAL. – Va te faire f... ! Va-t'en !

KALAHASHIO. – Ne fais pas honte à la mémoire de Libertashio : il aimait les fous.
(*Elle tend la troisième assiette à Moushiato.*)

MARTIAL, *faisant un effort pour se calmer.* – Celui-ci tout de même ! Celui-ci !

RAMANA. – Je le trouve sympathique. Sympathique et... raisonnable.

MARTIAL, *peiné.* – Bien sûr. Et c'est moi qu'on trouve fou à sa place !
(*Un temps.*)
Je peux dire qu'on m'a bien accueilli chez feu mon oncle. On m'a bien reçu dans la maison de feu mon oncle.

ALEYO. – Tu deviens ignoble.

LE FOU. – Un peu de vin, s'il vous plaît : les fous boivent aussi.
(*Aleyo lui tend une bouteille.*)
Il y a dans moi Sakomansa et Sakomansa boit comme quatre.
(*Aux feuilles.*) Là-bas les feuilles : pas sur la tombe de Libertashio.
(*Il boit.*) Je dis : pas sur la tombe.
Aux autres : Douze en moi, s'il vous plaît ! Douze, ça boit comme douze.
(*On lui tend une autre bouteille.*)

RAMANA. – Il paraît que ce fou était un grand chanteur. Un grand, grand, grand poète. Il a composé un ballet qui s'appelle...

LE FOU. – Oh ! Oh ! Arrête, Sassanashio ! Pas sur la tombe ! Arrête si tu ne veux pas voir de quel bois je me chauffe.

RAMANA. – Un ballet qui s'appelle « La Mort de la Vie ».

ALEYO. – On dit qu'il vivait dans la capitale. *(Un temps.)* Paraît qu'il est devenu fou parce qu'il est entré dans la peau de sa mère. Il aurait même tué sa femme et ses huit gosses.

YAVILLA. – On raconte aussi qu'il a fait un « coup de nuit » à son oncle et que c'est un grand sorcier.

MARTIAL. – Quoi qu'il en soit, il est à nourrir...

YAVILLA. – Là-bas ! Des soldats.

MARTIAL. – Ici, c'est le pays des soldats.

ALEYO. – On dirait qu'ils... ils...

RAMANA. – Ça ne nous regarde pas. Mange !

LE FOU. – Vous voulez que je vous raconte ?

MARTIAL. – Même sa voix me répugne. Si je n'étais pas chez mon oncle, si je n'étais pas chez feu mon oncle...

KALAHASHIO. – S'il vous plaît. Il faut respecter cette tombe qui nous fait face. Il faut respecter ce trou où il y a ses vêtements et sa... *(Sanglots.)*

LE FOU. − Le douzième de mes habitants veut fumer. Personne n'a une cigarette ? Le douzième m'embête. *(Un temps.)* Eh bien, Imboulassouya ! Reste tranquille. Personne n'a de cigarette ?

ALEYO. − Ses vêtements et sa... *(Sanglots.)*

KALAHASHIO. *(Sanglots.)* − Ne... ne parle pas. N'en... parlons pas : il... est... entier... dans nos mémoires.

MARTIAL. − Il faudrait peut-être partir. Nous sommes déchirés. Tous. Il faudrait changer de temps. Partir.

RAMANA. − Jamais ! Cette terre nous est clouée dans le sang. *(Un temps.)* Quand je la regarde bien, on dirait qu'elle va me sauter à la gorge, on dirait qu'elle va me sauter dans les bras. *(Un temps.)* Quand je la regarde, on dirait que là-bas, au loin, elle devient mon double. Elle se liquéfie, elle tangue, elle émet des signes et commet des monstruosités. *(Un temps.)* Non. Vous ne pouvez pas savoir. L'intensité de son cri, la douceur de sa fougue, ses formes... C'est trop compliqué. *(Un temps.)* Il n'y a rien au monde qu'on puisse posséder comme la terre − et qui vous possède de la même manière.

ALEYO. − Les soldats fouillent les cases.

MARTIAL. − C'est le pays des fouilles.

KALAHASHIO. − Nous n'avons rien à cacher.

MARTIAL. − Personne ne cache rien. Ils fouillent parce que des soldats, c'est fait pour fouiller.

KALAHASHIO. − Ils fouilleront. Quand ils n'auront rien trouvé, ils s'en iront.

LE FOU. – Oh ! Oh ! Anonso, mon invité, ne mange pas de riz aux haricots. Trouvez-lui quelque chose. Anonso a très faim.

MARTIAL. – Va te faire f... ! Va-t'en !

LE FOU. – Est-ce que c'est ta mère qui va garder l'appétit d'Anonso ? *(Un temps.)* Anonso ! Écoute cet idiot. Il veut prendre...

MARTIAL, *crie.* – .... ! Va-t'en !

LE FOU, *crie.* – Pas sur la tombe de Libertashio.

MARTIAL, *aux autres.* – Personne ne peut lui demander de filer ? *(Silence.)* Je vois. Vous me chassez. *(Un temps.)* Ça m'apprendra ! Ça m'apprendra. Après tout ça m'apprendra.
(Il crie.) Ça m'apprendra !

ALEYO. – Les soldats fouillent encore.

MARTIAL. – Ça m'apprendra ! *(Un temps.)* Mais il y a dans tout ça la part de ma sacrée conne de mère. Elle respectait les oncles... Elle prétendait que sans oncle on devient le néant.

YAVILLA, *elle s'approche de lui.* – Martial !

MARTIAL. – Ne me touchez pas. Je brûle de...

ALEYO. – Les soldats. Ils fouillent. Ils arrivent.

LE FOU, *aux soldats.* – Hé, vous ! Pas sur la tombe, vous m'entendez ? *(Un temps.)* Mais qu'est-ce que vous avez mis à vos chapeaux ? Ça respire le Rangamoussa mondongotane *(mot de fou.)*
(Les soldats viennent sur la terrasse.
Le sergent tire la chaise et se met à manger avec goinfrerie.)

LE SERGENT, *aux soldats.* – Vérifiez les mains et la racine des cuisses. Vérifiez s'il n'y a pas la cicatrice sous l'aisselle gauche. Vérifiez si les hommes sont des hommes et si les femmes sont des femmes. Pas question de papiers : on en a marre des papiers. *(Il tousse.)* De l'eau, s'il vous plaît.
(Ramana lui verse de l'eau dans le chapeau en fer qu'il lui tend.)
Merci ! Merci, la fille ! *(Un temps.)* J'espère que vous êtes une vraie fille ?

RAMANA. – Bien sûr, monsieur.

LE SERGENT, *il la touche.* – Vous êtes chaude. Vous avez des vraies lèvres de fille. Mais dans ce pays les lèvres ne font pas le moine.
(Il touche ses seins sous la chemise.)
C'est des vrais seins de fille. Comment vous appelez-vous ?

RAMANA. – Ramana ! *(Un temps.)* Qu'est-ce que vous cherchez ?

LE SERGENT. – Marc ! Marc ! Rappelle-moi ce que nous cherchons.

MARC, *de la maison où se font les vérifications corporelles.* – On cherche Libertashio.

LE SERGENT, *à Ramana.* – On cherche Libertashio.

RAMANA. – Depuis quand le cherchez-vous ?

LE SERGENT. – Marc ! Marc ! Rappelle-moi depuis quand on le cherche.

MARC, *de la maison.* – Six mois et des poussières.

LE SERGENT, *à Ramana.* – Six mois et des poussières.

RAMANA. – Qui vous envoie ?

LE SERGENT. – Marc ! Marc ! Rappelle-moi qui nous envoie.

MARC. – La capitale.

LE SERGENT, *à Ramana qui lui verse du vin dans le chapeau.* – La capitale.

RAMANA, *qui veut gagner sa confiance.* – Combien êtes-vous ?

LE SERGENT. – Marc ! Marc ! Rappelle-moi combien nous sommes.

MARC, *il commence à perdre patience.* – Des régiments ! Des régiments !

LE SERGENT, *à Ramana.* – Des régiments, des régiments.
(Ramana s'approche de lui pour enlever l'assiette.)
Éloignez-vous. Pas de votre odeur dans mes narines : j'ai trois semaines d'eau dans les reins. Trois semaines d'eau dans les gestes.

RAMANA, *après réflexion.* – Vous cherchez pour rien.

LE SERGENT. – Nous le savons.

RAMANA. – Alors pourquoi cherchez-vous ?

LE SERGENT. – Marc, Marc ! Rappelle-moi pourquoi on cherche ?

MARC, *violent.* – Pour... pour la capitale.

LE SERGENT, *à Ramana.* – Pour... pour la capitale.

RAMANA. – Pourquoi cherche-t-elle, la capitale ?

LE SERGENT. – Marc ! Marc ! Rappelle-moi pourquoi elle cherche, la capitale ?

MARC, *furieux*. – Pour faire chier !

LE SERGENT, *à Ramana*. – Pour faire chier. *(Un temps.)* Et pour en finir aussi.

RAMANA, *bêtement*. – Vous cherchez pour rien.
(Silence du sergent qui lui présente le chapeau pour une quatrième bouteille de vin.)
Vous cherchez pour rien : Libertashio est mort. Il y a dans la tombe que voilà ses vêtements et sa têtc.

LE SERGENT, *sérieux*. – Pas de bras ? Pas de mains ?

RAMANA. – Pas de bras, pas de ventre, pas de jambes. Pas de... *(Sanglots.)*

LE SERGENT, *déçu*. – Nous voulons les empreintes de Libertashio. La capitale ne croit pas à sa mort.

RAMANA. – C'était notre père. Vous pouvez me croire sur parole : il est mort. *(Elle sanglote.)*

LE SERGENT, *rêveur*. – Ses empreintes. Au moins, ses empreintes... La capitale ne croit pas sur parole. Les papiers ne croient pas sur parole. Il faut un certificat de décès. Un certificat de décès ne se fait pas sur parole, non ?... *(Il gueule.)* Pas sur parole, vous entendez ? *(Silence de Ramana. Le sergent gueule encore.)* Pas sur parole ! Mais sur chair, sur sang ! *(Un temps. Il se calme.)* Sa tête, vous avez dit ? Sa tête ?

RAMANA, *sanglotant*. – Oui ! Oui ! Oui ! Oui !

LE SERGENT. – La tête de Libertashio ?

RAMANA, *sanglots.* – Oui ! Oui ! Oui !

LE SERGENT, *il sort une photo d'identité agrandie.* – Cette tête-là ?

RAMANA, *sanglots.* – Papa ! Père ! Papa ! P... Pourquoi es-tu mort de leur mort-là ? *(Elle pleure.)*

LE SERGENT, *aux soldats.* – Section, rassemblement !
(Les soldats viennent se planter au garde-à-vous.)
Creusez cette tombe. En vitesse !

MARC, *au sergent.* – Qu'est-ce que tu fais ?

LE SERGENT. – J'en ai par-dessus le c... Non. Qu'on tire ça au clair avant qu'on ne s'affole tous. Tout un pays de fous. Cette tête, qu'on l'emmène. Je crois que cette fois la capitale finira bien par comprendre QUE LIBERTASHIO EST MORT.
(Marc dégaine et tire sur le sergent.)

LE SERGENT. – Marc, pourquoi as-tu tiré ? M... M... mort !
(Il s'écroule.
Marc prend ses galons et, en une brève cérémonie incompréhensible de ceux de la maison, ses camarades le font sergent, et trinquent à son succès.)

LE SERGENT MARC, *aux soldats.* – Les lâches, on les enterre la nuit. Le cimetière n'est pas loin. Il a droit à soixante-quinze centimètres de terre. *(Un temps.)* C'était d'ailleurs un brave garçon ; bien qu'il ne soit pas de la tribu du président, il servait loyalement. Donc mettez-lui quelques minutes de silence. Qu'il ne soit pas enterré couché sur le ventre comme les lâches. Mettez-le sur le côté droit, fermez ses yeux. Laissez-lui le haut de l'uniforme, brûlez le bas.
(Les soldats emmènent le cadavre du sergent après quelques maigres honneurs. Marc n'a pas pris part aux obsèques. Il se fait verser du vin dans le chapeau et boit pendant que les autres enterrent.)

RAMANA, *à Marc.* – Pourquoi l'avez-vous tué ?

MARC. – On tue les déserteurs : c'est la loi des armes.

RAMANA. – C'est quoi un déserteur ?

MARC. – Est déserteur tout soldat en tenue qui dit que Libertashio est mort.

RAMANA. – C'est la vérité. Papa est mort.

MARC. – La vérité des civils.

RAMANA, *naïve.* – La vérité : il est mort.

MARC. – Mort ou pas mort, la loi interdit de croire à la mort de Libertashio : donc il n'est pas mort.

RAMANA. – Il est mort.

MARC. – Il n'est pas mort.

RAMANA. – Sa tête est dans cette tombe.

MARC. – Sa tête n'est pas dans cette tombe.

RAMANA. – Vous pouvez l'exhumer.

MARC, *qui regarde Martial.* – Voici Libertashio. Voici Libertashio Où est la photo ? Donnez-moi la photo.
(Ramana lui donne la photo que Marc va confronter avec le visage de Martial.)
Cette moustache ! Cette barbiche ! C'est lui. Vous ne voyez donc pas que c'est lui.
(Il vide son chapeau de vin.)

16

LE FOU. – ... son père était un haut chômeur de la fonction publique. Arrière ! Pangayishio !
(Les soldats rentrent de l'enterrement.)

MARC, *désignant Martial.* – Voici Libertashio.

MARTIAL. – Vous... Vous êtes fou ? Je ne connaissais même pas mon oncle. J'en entendais parler. Et je n'approuvais pas son... sa... ses agissements. *(Silence hostile des soldats.)*
Je n'approuvais pas. *(Un temps.)*
Je suis naturellement contre le pouvoir de la violence. Naturellement contre. *(Aux femmes.)*
Qu'est-ce que vous attendez pour leur dire que je ne suis pas Libertashio ? Dites-leur que je n'aimais pas mon oncle et sa... et son... et ses cochonneries-là ! *(Silence.)*
Je savais que personne ne voulait de moi ici. Je le savais. *(Aux soldats.)*
Je suis un lâche, messieurs. Un lâche où se sont rencontrées toutes les marques de lâcheté. La peur. Vous savez ce qu'on appelle la peur ? *(Silence des soldats.)*
Vous me regardez avec des yeux... de fer. Et ça s'écroule en moi. Ça tombe tout seul là-dedans. Comment voulez-vous qu'avec cela je sois mon oncle ? *(Aux femmes.)*
Qu'est-ce que vous attendez ? Dites à ces c..., à ces f..., à ces messieurs que je ne suis pas Libertashio. *(Silence.)*
Je le savais. Personne ne m'aime ici. À mon arrivée, j'ai entendu des froissements dans vos chairs de putains.

ALEYO. – Ne sois pas moche, Martial.

MARTIAL, *aux soldats.* – Ah ! Vous avez entendu ? Moi je suis Martial. Martial Mounkatashio. Libertashio était le frère aîné de ma mère. Ma mère s'appelait Sakomansa et mon père... Attendez : j'ai oublié son nom de famille. *(Il réfléchit.)*

Agoustano... Agoustano... Ah ! Agoustano Pangayishio. Vous ne me croyez pas ? *(Silence.)*
Vous voulez peut-être que je vous... que je vous parle de notre arbre généalogique ? L'ancêtre maternel s'appelait Obramoussando Manuellia. Elle épousa Grabanita. Leur premier fils, Lessayino, les tua tous deux à l'âge de... Bon, j'oublie l'âge. Lessayino épousa une Pygmée avec qui il eut deux garçons : Larmonta et... et Kanamasha, non, je me trompe : c'est Imboulassoya...

MARC, *aux soldats.* – Mettez-lui les menottes.

MARTIAL. – Attendez. Je vais vous prouver que je ne suis pas Libertashio. Je...

MARC. – Mettez !

MARTIAL. – C'est injuste.

MARC. – Mettez.

MARTIAL. – Injuste. C'est injuste.

MARC. – Nous le savons.

MARTIAL. – Alors pourquoi le faites-vous ?

MARC. – Pour être injustes !

MARTIAL, *sérieux.* – Pourquoi voulez-vous être injustes ?

MARC. – C'est l'exemple clé, oui ou non ?

MARTIAL, *on lui met les menottes.* – Ne serrez pas trop fort, s'il vous plaît. Aïe ! Pas trop fort.

LE SOLDAT. – Pourquoi donc ?

MARTIAL. – Pour me faire moins mal.

LE SOLDAT. – Il n'existe pas de menottes pour faire moins mal.

MARC. – Entravez-lui les pieds aussi.

RAMANA, *à Marc*. – Libertashio est mort.

MARC. – Non.

RAMANA. – Si.

MARC. – Non, non, non et non.

RAMANA. – Si, si, si et si. *(Un temps.)* Nous pouvons aller le dire à la capitale.

MARC, *avec un rire*. – Nous l'avons dit à la capitale. Elle ne nous a pas crus. *(Il boit.)* La capitale n'a pas d'oreilles. Elle nous demande de chercher, nous cherchons. Des Libertashio ? Nous en trouverons cinquante, nous en trouverons cent. Tant que la capitale dira de chercher, nous cherchons. *(Un temps.)*
Nous ne cherchons pas pour trouver : nous cherchons pour chercher. *(Un temps.)*
Si tu dis que Libertashio est mort, c'est toi qu'on tue. Je n'ai pas envie de mourir, moi. *(Il boit.)*
Ce type a le menton de Libertashio, il a ses yeux.
Ce type a les cheveux de Libertashio.

RAMANA. – Il n'est pas Libertashio.

MARC. – Nous cherchons un Libertashio. Il nous en faut un. Provisoire ou définitif, ça n'a plus d'importance. Nous finirons par en trouver un provisoirement définitif.

MARTIAL. – Si vous emmenez un faux, qu'est-ce qu'elle fait, la capitale ?

MARC. – Elle nous envoie chercher un autre.

MARTIAL. – Qu'est-ce qu'on fait du faux ?

MARC. – On le t... C'est normal, d'ailleurs. Libertashio change de visage tout le temps. Il change de corps, comme on change d'humeur. Un véritable dur de dur.

RAMANA. – Libertashio est mort.

MARC. – Donnez à manger à mes gars. Ils ont faim.

ALEYO. – On n'a plus rien.

MARC, *il vide son chapeau.* – Pas de manière, s'il vous plaît. *(Aux soldats.)* Pueblo ! Cavacha ! Voyez s'il n'y a rien pour vos estomacs dans la baraque. Qui travaille à l'hôtel mange à l'hôtel.

LE FOU, *à ses feuilles.* – Arrière ! Arrière ! Bande de cons. Sassanacho ! Grabanita !

RAMANA, *à Marc.* – Il est innocent. Je vous rappelle que Libertashio est mort.

MARC, *violent.* – Je vous rappelle que j'ai trois semaines d'eau dans les nerfs ! *(Silence.)* Trois semaines.
(Les soldats mangent.)

MARTIAL. – Il faut peut-être...

MARC. – Ta gueule ! *(Silence.)* Moi je fais ce que la loi me demande. *(Un temps.)*
Je suis soldat et ma conscience de soldat commence par la conscience des lois. *(Un temps.)*
Est-ce ma faute si les lois n'ont plus de conscience ? Je suis soldat. Bon soldat. Et je fais à la manière du bon soldat. *(Un temps.)* Vous, vous êtes des citoyens. Et pourquoi vous ne faites pas à la manière des citoyens ? Quand on vous appelle aux... aux urines... aux urinaux, comment ça s'appelle en français rapide ? Quand on fait le choix pour un... Y a des moments où leur français-là me complique l'arrière. Des moments où je deviens un véritable pot d'échappement.

UN SOLDAT. – Les urnes, vous voulez dire, sergent ?

MARC, *la voix commence à lui manquer.* – Oui. Les u... les uri... *(Un temps.)* Y a dans leur langue-là des mots qui vous... qui vous... Vous n'arrivez pas à les dire comme ils se disent. Comme le... général... comme mon copain-là qui n'est jamais arrivé à dire le mot gendarmerie. Il dit toujours « gendadmairie ». *(Un temps.)* Alors pourquoi quand vous allez aux u... aux uri... Dis-moi ce mot-là, toi.

LE SOLDAT. – Urnes.

MARC. – Avec l'article.

LE SOLDAT. – Les urnes.

MARC. – Pourquoi quand vous y allez, quand vous allez aux *(Lentement.)* U-R-NES, vous ne dites pas : nous ne voulons pas ce type. Vous choisissez le p... patron. Nous vous le protégeons. Et derrière tout ça, vous nous trouvez méchants ! Du moment que...

LE FOU. – Pas sur la tombe !

MARC. – Du moment que vous nommez le chef. Le chef nomme les lois. Les vrais méchants c'est vous. Dans notre pays c'est la démocratie : l'armée ne vote pas. Alors dites donc. Le tort... le tort, c'est pour ma... ma mère ou bien c'est pour mon père ?
(Il vide son chapeau.)
Vous nommez des patrons qui... qui ne savent pas dire le mot gendarmerie.

RAMANA, *à l'oreille de sa mère.* – Ces cons sont capables de tout. Il faut inventer quelque chose.

MARC. – Moi j'ai des... des idées, qui... qui ne peuvent pas pousser sur cette terre. Je fais comme je m'appelle : Fonsinacio ! Marc Fonsinacio. *(Un temps.)*
Donc ! Je n'ai pas volé mes galons. *(À Ramana.)*
Donnez à boire à mes gars.

RAMANA, *jouant le jeu.* – Vous avez raison, sergent. On peut faire la fête. Yavilla, à la cuisine ; Aleyo, au piano ; maman, à la pâtisserie. Nuit blanche aujourd'hui. La nuit des galons du sergent Marc Fonsinacio. *(Un temps.)*
On va manger une vache, un mouton, un porc, des lapins. On va boire des lacs de vin. Trois soldats pour abattre la vache.

MARC. – Pueblo, Cavacha, Sarkansa, à la vache !

PUEBLO. – Une vache dans la nuit, c'est imprudent.

MARC, *sans voix.* – C'est un or... ordre.

PUEBLO. – Nous sommes venus chercher Libertashio.

MARC. – Libertashio est mort.
(Pueblo dégaine et abat Marc.
Cérémonie de promotion de tout à l'heure.
On emmène la dépouille de Marc.)

PUEBLO, *aux soldats.* – Le sergent était un déserteur mais il a déserté inconsciemment. Donnez-lui un mètre de terre. Mettez-le sur le côté gauche. Il a droit au bas de son uniforme. Brûlez le haut. Pas de chapeau ! Pas de chaussures !
(Ils partent.)

RAMANA. – Vous vous entre-tuez bêtement.

PUEBLO, *à Ramana.* – J'ai mis la balle entre les deux yeux.
(Il présente son chapeau.)
J'ai droit à quatre bouteilles de koutou-méchang[1].

RAMANA. – On n'a plus de koutou-méchang.

PUEBLO. – Kapa-méchang ?

RAMANA. – Je regrette. On n'a plus que ces urines d'Europe.

LE FOU. – Arrière, Anonso ! Pas sur la tombe de Libertashio.

PUEBLO. – Je ne peux pas fêter mes galons avec des urines d'Europe. Elles paraissent trop vraies. Et moi je suis trop sergent. J'ai le pied sergent. Faut pas que ça me donne un mal de sergent.

RAMANA. – On peut aller voir chez les voisins.

---

1 Alcool local à effets de drogue.

PUEBLO. – Allez voir chez les voisins. Trouvez-moi du koutou-méchang première dose. Pas de pacotille.

RAMANA, *à l'oreille de sa mère.* – Bon débarras : ils vont se fusiller tous. *(À Pueblo.)* Vous renoncez à la vache ?

PUEBLO. – Trouvez quelqu'un pour la tuer. Pas mes soldats. Mes soldats ne sont pas des tueurs de vaches. C'est dégradant. C'est même lâche. Tuer une vache pour un soldat, c'est le sommet de l'ignominie. L'opprobre ! Vous comprenez ?

KALAHASHIO. – C'est absurde. Vous...

RAMANA, *bas.* – C'est toi qui es absurde. *(Haut.)* Va chercher le koutou chez les voisins. Le sergent a raison : les vrais galons ne se mouillent pas dans les urines d'Europe. Il faut les alcools, les « monde-dissout » de chez nous.

PUEBLO. – J'ai une chair de sergent, j'ai un estomac de sergent.
(Il boit.)
Ah ! ces franconneries de vin ne marchent pas. Ça ne répond pas à l'étincelle de chair marque Pueblo. Ça ne m'arrive pas dans l'estomac. Ça s'absente. Ouf ! c'est lourd.

RAMANA. – Mère va sûrement trouver quelque chose chez les voisins. On boira des vrais coups. Du spécial santé de sergent.

LE FOU. – Libertashio ! Libertashio ! Où vas-tu, Libertashio ? Reste dans ta tombe.

CAVACHA, *à Yavilla.* – Je vous trouve belle comme la pleine lune. Votre ventre respire l'herbe d'octobre. Vous fleurissez, et ça me donne des élans, des vertiges, des aller et retour.

YAVILLA. – Vous avez les mains farouches. Elles me troublent. J'imagine que ce sont elles qui ont tué notre pauvre père.

CAVACHA. – Vos yeux. Vos yeux ont construit la peur dans mon cœur. Je ne comprends pas. Je ne comprends pas. Mon sang devient une sorte de mille-pattes qui rampe, qui rampe, qui rampe sur votre image. Je ne comprends pas et je ne comprends pas.

LE FOU. – Hé ! Libertashio ! Où vas-tu ?

KALAHASHIO, *qui rentre.* – Les voisins ont donné une bouteille. C'est la dose alpha.

PUEBLO. – Donnez ! Pas besoin de verre. Vous verrez qu'un vrai sergent a le cuir sergent.
(Il boit la bouteille d'un trait.)
Vous avez raison : c'est de l'alpha cent pour cent.
(Un temps.) Où est le prisonnier ?

CAVACHA. – Gardé.

PUEBLO. – Il a droit à la fête.
(On enlève les menottes à Martial qui se tâte et se frictionne les poignets. Aleyo va jouer du piano.)

PUEBLO, *à Ramana.* – Merveilleuse, cette fille. Offrez-moi une danse.

RAMANA. – Non. Je suis en deuil. Le deuil de mon père.

PUEBLO. – Je vais me fâcher.

RAMANA. – Pourquoi se fâcher ?

PUEBLO. – Au fait, pourquoi ? *(Un temps.)* Elle vient cette danse ?

(Ils dansent.)
J'aime le vers d'un poète dont j'ignore le nom. Il dit : « J'ai le cœur le plus haut du monde. » *(Un temps.)*
Moi ce n'est pas tout à fait le cœur, mais le front. J'ai le front le plus haut du monde. *(Un temps.)* Vous... vous êtes chaude. Vous sentez le linge repassé. Vous avez un corps débordant, allant, venant, allant-venant. Vous avez des yeux suffocants. *(Un temps.)* Vous avez un visage carnassier.

CAVACHA, *à Yavilla*. – Dansons. Ils me donnent envie, ces deux-là !

YAVILLA. – Je hais la danse.

CAVACHA. – Dansons.

YAVILLA. – J'ai la tête lourde.

CAVACHA. – On danse mieux avec une tête lourde.
(Ils dansent.)

LE FOU. – Enfin Pangayisho ! Hé, Libertashio ! C'est une honte !
(Il court entre les tombeaux.)

KALAHASHIO, *à Aleyo*. – Les choses meurent. Oui. C'est cette mêlée de morts et de vivants. Ah ! Une terre où il est défendu d'être debout.

ALEYO. – C'est l'œuvre de Libertashio.

KALAHASHIO. Tais-toi. *(Un temps.)* – Tout devient ombre. Et l'ombre ne pardonne pas. Dans cet enchevêtrement des morts et des vivants. On ne saura jamais plus qui. Qui est dans la lumière et qui est dans l'ombre. Jamais plus !

(Un soldat prend Kalahashio et l'entraîne au rythme du piano. Un autre soldat vient prendre Aleyo.
Ils dansent.)

LE FOU. – Libertashio est sorti de la tombe. Attention, Kalabonte. Attention, Anonso. Arrière, Sakomansa.
(Il court en poursuivant son ombre.)

FIN DU PREMIER SOIR

Le deuxième soir

Même terrasse. Même fou. Mais aux tombes se sont ajoutées celles des sergents Pueblo et Sarkansa. Cavacha est en sergent. Martial, Kalahashio, Aleyo, Ramana et Yavilla sont attachés à des poteaux de la véranda, face à un peloton qui attend. Cavacha préside la cérémonie devant son chapeau de vin.
La scène semble avoir commencé depuis longtemps.

UN SOLDAT, *insistant.* – Dites votre dernière volonté, madame.

ALEYO. – Je n'en ai pas. Je vous dis que je n'en ai pas.

LE SOLDAT. – Le dernier devoir du condamné est d'avoir une dernière volonté.

ALEYO. – Sinon ?

LE SOLDAT. – Sinon on le tue avec beaucoup de... avec une certaine mauvaise conscience.

ALEYO. – Pourquoi nous tuez-vous ?
(Cavacha claque les doigts. Un soldat s'approche d'Aleyo, ouvre une sorte de parchemin et lit.)

LE SOLDAT, *lisant.* – La Cour martiale du huit, barre, huit, barre, soixante-huit, ayant condamné à mort par contumace le sieur Anamanta Lansa dit Libertashio, l'unité, groupe ou individu qui l'arrêtera est chargé d'exécuter la sentence. Tout individu, groupe ou organisation qui prêtera assistance ou asile au condamné, à quelque façon et sous quelque prétexte, s'exposera aux mêmes peines que le sieur Anamanta Lansa dit Libertashio. N.B. Tout retard dans l'exécution de la sentence en cas d'arrestation du condamné sera considéré comme un acte de haute trahison dont les auteurs s'exposeront aux mêmes peines que le condamné.

CAVACHA, *après un silence.* – Vous avez entendu ? *(Désignant Martial.)* Nous avons trouvé Libertashio chez vous.
(Il boit.)
Nous exécuterons la sentence.

RAMANA. – Libertashio est mort.

CAVACHA. – Madame, s'il vous plaît, ne me mettez pas en colère. Je suis sergent de sang. Sergent de race. Pas comme ces pacotilles-là. Un sergent, ainsi que son nom l'indique, doit parfaitement savoir serrer les gens. Je suis sergent centimètre par centimètre, tranche après tranche. *(Au soldat.)* Continue, Ramoutapa.

LE SOLDAT. – Pour la dernière fois, madame, votre dernière volonté.

RAMANA. – Je voudrais cracher dans la gueule du sergent. Trois bonnes fois.
(Le soldat regarde interrogativement le sergent.)

CAVACHA. – Note. On ne refuse pas une dernière volonté à un condamné. *(Le temps que l'autre note.)* Continue, Ramoutapa !

LE SOLDAT, *à Martial.* – Vous ?

MARTIAL. – Pardon ?

LE SOLDAT. – Vous avez toujours l'air absent du monde. *(Un temps.)* Votre dernière volonté ?

MARTIAL. – Ah ? Rester vivant.

LE SOLDAT. – Elle n'est pas raisonnable.

MARTIAL. – C'est la seule que j'aie.

LE SOLDAT. – Cherchez.

MARTIAL. – Pourquoi chercher quand on a trouvé ?
(Le soldat regarde le sergent.)

CAVACHA. – Note. C'est bon. À la suivante.

LE SOLDAT, *à Yavilla.* – Vous ? Vous, madame ?

YAVILLA. – Attendez ! Je vais réfléchir.

LE SOLDAT. – Ça se réfléchit dès l'enfance, bien avant...

YAVILLA. – Je ne m'étais jamais figuré que je mourrais...

LE SOLDAT. – Ça vient ?

YAVILLA. – Ça vient. C'est ma tête qui ne marche plus : elle est là, elle est pourtant là. *(Un temps.)* J'ai peur. La mort. La mort. Surtout dans mon cas : je meurs crue – comme je suis venue, pleine, vierge.

LE SOLDAT. – Ça vient ?

YAVILLA. – Oui. Ça vient. Donnez-moi trente secondes. Une mort préparée en trente secondes. C'est un peu improvisé. Mais ça vient, ça vient. Donnez-moi cinq minutes. Juste cinq minutes... pour préparer ma mort.

CAVACHA. – C'est sa dernière volonté ?

YAVILLA. – Non, sergent. Pas la dernière. Pas celle-là !

CAVACHA. – Alors, où est-elle ?

YAVILLA. – Où est-elle ? *(Paniquée.)* Mon Dieu, où est-elle ?

LE SOLDAT, *furieux.* – Prenez n'importe laquelle.

YAVILLA. – N'importe laquelle : c'est permis ou pas ?

LE SOLDAT, *exaspéré.* – C'est permis.

YAVILLA. – Bon. Puisque c'est permis... *(Un temps.)* Qu'est-ce que vous faites si elle n'est pas raisonnable ?

LE SOLDAT. – Dites toujours.

YAVILLA. – Je la trouve très belle. C'est celle-là qu'il me faut. Elle tient sur huit, sur dix, sur vingt pattes. Je voudrais mourir dans la capitale sous les yeux du président.
(Le soldat regarde le sergent.)

CAVACHA. – Mets-la au procès-verbal. La capitale pourra l'examiner. La suite ! Nous perdons trop de temps.

LE SOLDAT, *à Kalahashio.* – Madame ?

KALAHASHIO. – Mettez-moi un mètre de terre, dans cette tenue-là.

LE SERGENT. – En noir et blanc ? Non, madame. C'est la couleur de notre drapeau. *(Un temps.)* Vous irez vous changer si vous ne voulez pas partir nue.
(Signe du sergent.)

LE SOLDAT, *à Aleyo.* – Vous, ma jolie ?

ALEYO. – Je voudrais épouser le sergent avant de mourir.
(Le soldat regarde le sergent.)

CAVACHA, *il vide son chapeau.* – Note ! C'est une dernière volonté. Elle m'épousera et vous... et nous la fusillerons derrière tout ça.

LE SOLDAT. – Et celui qui veut rester vivant ?

CAVACHA, *il remplit son chapeau.* – Nous l'enterrerons vivant. Il mourra quand le cœur lui en prendra.

LE SOLDAT. – Bravo ! Il croyait nous avoir.

CAVACHA. – Je suis un sergent épris de justice. Je respecte les lois. Partisan chaud de la logique, ou si vous voulez des logiques. Sergent depuis l'arrière-ventre de ma mère.
(Il boit.)
Avant de venir aux armes, j'étais instituteur. Et ça me revient cette odeur d'instituteur, ce goût de la craie, cette couleur des visages. L'alcool, c'est pour faire taire mon odeur d'instituteur qui porte plainte devant ma carrure de sergent. *(Un temps.)* Prosondo !

PROSONDO. – Sergent !

CAVACHA. – Fixe la date.

PROSONDO. – La date, sergent ?

CAVACHA. – Mais la date de mon mariage avec la condamnée à mort Aleyo Lansa Anamanta.

PROSONDO. – Ce n'est pas prévu dans les clauses de l'exécution.

CAVACHA. – Pauvre cornichon ! Tu ne seras jamais sergent si tu ne peux saisir que dans les choses d'aujourd'hui l'essentiel est toujours sous-entendu.

PROSONDO, *à lui-même.* – La date ! La date !... *(Un temps.)* Vous voulez qu'elle soit lointaine ou bien proche ?

CAVACHA. – En ces choses-là, les dates lointaines sont nuisibles.
(Il boit.)
Nuisibles.

PROSONDO. – Bon. Un mois.

CAVACHA. – Nuisible.

PROSONDO. – Quinze jours.

CAVACHA. – Nui... nuisible.

PROSONDO. – Une semaine.

CAVACHA. – Nui... sible.

PROSONDO. – Un mariage se prépare, sergent. C'est pas comme un plomb entre les yeux.

CAVACHA, *vivement.* – Salaud ! Tu fais de l'esprit !
(Il dégaine et tire sur lui.
Prosondo s'écroule.)
Insoumission à l'autorité, rébellion et atteinte à la personne morale du chef. *(Un temps.)* Romeganto !

ROMEGANTO. – Sergent !

CAVACHA. – Pas d'honneur pour ce chien. Enterrez-le sur le ventre. Quarante centimètres de terre. Nu, vous m'entendez ? Nu. *(Un temps.)* Trois jours. Je me marie dans trois jours.
(On procède à l'enterrement de Prosondo.)

CAVACHA, *à Aleyo.* – Vous avez bien l'argent nécessaire ? Votre dernière volonté serait irréalisable autrement.

KALAHASHIO. – On a l'argent.

CAVACHA. – De quoi épouser un sergent ?

KALAHASHIO. – Oui.

CAVACHA. – Elle me paie la dot. *(Silence.)* On n'épouse pas un sergent au prix d'une boîte de peinture.

KALAHASHIO. – Nous le savons.

CAVACHA, *qui a fini de griffonner longuement.* – Romeganto !

ROMEGANTO. – Sergent !

CAVACHA. – Voici le brouillon de la liste. Ajoute ce qui manque. Et voici la liste de ce qu'on doit manger à la fête de mon mariage. Tu peux lire pour leur donner une idée de ce qu'un sergent coûte.

ROMEGANTO, *lisant.* – Liste : une vache de trente-trois mois, huit moutons, trois porcs, cinquante-deux poulets, quinze canards, huit lapins, cinq cochons d'Inde, quatre-vingt-six grenouilles, quarante-deux poissons-chats, quarante bars, trente barbeaux, une cuvette d'oranges, une... *(Il souffle.)* ... une de langoustes, une de carpes, une de frites, une de spaghetti. Boissons...

CAVACHA. – Ils liront eux-mêmes. *(Un temps.)* Fais les commissions. Mets quatre hommes aux achats, deux à la cuisine, deux aux boissons, deux au protocole. Laissez celle qui fournit l'argent, les autres menottés.

ALEYO, RAMANA, YAVILLA. – Quand même !

CAVACHA. – Quoi, quand même ?

ALEYO. – Nous devons préparer le mariage en menottes ?

CAVACHA. – Ma sécurité passe par cette vilaine précaution.

ALEYO. – Nous serons... je vous jure que nous serons des anges.

CAVACHA. – Pouah ! *(Un temps.)* Tous les prisonniers du monde peuvent jurer par leur père et par leur mère qu'ils seront des anges. Mais dès que l'occasion s'offre, ils vous sautent à la gorge comme des vipères, comme des loups. *(Au soldat.)* Les menottes avant qu'on les détache des poteaux.

ALEYO, *après un silence.* – Vous croyez qu'ils sont sérieux ?

RAMANA. – Ce sont des f... des fous.

MARTIAL. – Je n'ai plus peur de mourir. Je croyais que la mort était trop ample pour moi. Non. Elle est à ma taille.

YAVILLA. – Même pas une trace de sommeil sous les paupières.

ALEYO. – Ne parlez pas. Vous m'assommez.

YAVILLA. – J'ai peur quand ça se tait. Quand ça ne parle que dedans. *(Un temps.)* L'intérieur est plus impitoyable que le dehors. *(Un temps.)* On y est plus seul.

ALEYO. – Combien de terre croyez-vous qu'ils vous mettront ?

MARTIAL. – Tais-toi, je t'en prie. *(Silence.)* Le temps est passé. Le temps de mourir est passé.

YAVILLA. – Vous aimez ça, vous, la fosse commune ?

ALEYO. – Ça m'est égal. *(Un temps.)* Pourvu qu'on y mette assez de terre.

YAVILLA. – Pour quoi faire, assez de terre ?

ALEYO. – Au fait ! Pour quoi faire ? *(Un temps.)* Ils ne se donneront pas la peine de creuser.

MARTIAL. – Taisez-vous. *(Long silence.)* Non ! Parlez, s'il vous plaît. C'est moins creux. C'est moins creusant.

ALEYO. – Maman, rappelle-moi mon âge.

KALAHASHIO. – Dix-neuf ans. Pas plein. Tu les aurais eus en juin prochain.

ALEYO. – Dix-neuf ans en juin prochain. *(Un temps.)* Vous en connaissez des gens qui sont morts à dix-neuf ans ?

MARTIAL. – Oui.

ALEYO. – De quoi sont-ils morts ?

MARTIAL. – Ça dépend.

ALEYO. – Oui. Ça dépend. Je sais que ça dépend. *(Un temps.)* Accidents, maladies, suicides... *(Un temps.)* Moi je ne sais même pas de quoi je meurs.

MARTIAL. – Si, si !

ALEYO. – Ah ? De quoi ?

MARTIAL. — D'une balle entre les yeux.

ALEYO. — Oui, oui, mais pourquoi la balle entre les yeux ?

MARTIAL. — Pour la balle entre les yeux, nom de Dieu !

ALEYO. — Je vois. Je vois. Pour la balle entre les yeux. *(Un temps.)* Pas la peine d'avoir existé.

MARTIAL. — Si, il fallait bien.

ALEYO. — Pourquoi ?

MARTIAL. — Pour ouvrir la parenthèse.

ALEYO — Pour ouvrir la parenthèse. *(Un temps.)* Mais qui va la fermer ?

MARTIAL. — Dieu !

ALEYO. — Dieu ! Dieu ! Bon, Dieu. *(Un temps.)* Et si Dieu n'existe pas ?

MARTIAL. — Si Dieu n'existe pas, cela signifie qu'on n'existe pas, cela signifie que rien n'existe : donc pas de problème.

ALEYO. — En effet ! Pas de problème. *(Un temps.)* Pas de problème. Maman ! Qui m'a appelée Aleyo ?

KALAHASHIO. — Ta grand-mère.

ALEYO. — Ma grand-mère. Elle aurait pu m'appeler Pas-de-problème.

LE FOU, *dehors.* — Arrière ! Arrière, vous dis-je. Pas sur la tombe ! Pas sur la tombe de Libertashio.

ALEYO. – On a plus de chance que ceux qui partent sans savoir quand ils meurent.

MARTIAL. – Cela revient au même.

ALEYO. – Pas exactement. Moi, on me laisse le temps de me regarder. Le temps de bien regarder s'il n'y a plus rien à vivre. *(Un temps.)* Peut-être la mort revient-elle exactement au même que la vie. Tu aimais ça, toi, Martial ? Tu aimais ça la vie ?

MARTIAL. – Oui. C'était, comment dirais-je ? C'était moche mais ça me suffisait.

ALEYO. – À moi aussi, ça me suffisait.

YAVILLA. – Dormez.

ALEYO. – J'ai peur de fermer les yeux. Et quand je les ferme, ils s'ouvrent tout seuls.

YAVILLA. – Tant qu'on n'est pas mort, il faut rester vivant.

ALEYO. – Vivant ! Vivant ! *(Un temps.)* Non. Moi je suis morte. Nous sommes dans la terre des morts. Pas de vivants ! Pas de vivants. Ici, c'est interdit. *(Un temps.)* Interdit d'être vivant. Nous sommes en interdiction d'existence.

LA VOIX D'UN SOLDAT. – Silence, vous autres.

MARTIAL, *il crie.* – Va te faire foutre !

ALEYO, *après un silence.* – Nous parlons en rond. C'est la mort qui nous fait parler en rond. *(Un temps.)* J'ai eu mes moments creux. Mais je n'ai jamais parlé en rond. Le monde est linéaire. La vie l'est aussi. C'est con de... d'exister en rond. Absolument.

MARTIAL. – Tu trouves le monde linéaire ?

ALEYO. – Absolument.

MARTIAL. – Je le trouve brisé.

ALEYO. – Tu lui prêtes ton image.

MARTIAL. – La création, toute la création est carnassière.

YAVILLA. – Dormez !

ALEYO. – Les yeux refusent. Le cœur, pourtant le cœur a bien sommeil. *(Silence.)* Martial ! Rappelle-moi la dernière fois qu'on... qu'on a vu un film.

MARTIAL. – Il faut tuer toutes les dernières fois. *(Silence.)* Ça s'appelait « La Mort du Devoir ». Ils étaient menottés comme nous. Exactement. Le grand blond avait ma gueule. Il avait mes gestes. J'ai honte. J'ai honte.
(Chant du coq.)

ALEYO. – On n'a pas dormi. *(Un temps.)* Je me rappelle notre professeur de français au lycée. Il répétait souvent : « Votre situation est distrayante. La situation de l'Afrique est distrayante. » *(Un temps.)* La vie est à la limite distrayante.

MARTIAL. – Vous savez ce que ça dit au fond de moi ? Moi qui n'ai jamais approuvé mon oncle ? Eh bien, ça dit au fond de ma mort : Vive Libertashio. Ça répète. ça répète. Tout mon intérieur, c'est comme une chanson : vive Libertashio. Ça pousse le couvercle de

39

mon intérieur. *(Il crie.)* Vive Libertashio. Vive Libertashio. Vive Libertashio.
(Les soldats accourent.
Silence.)

CAVACHA, *en caleçon.* – Qui a crié ?

MARTIAL. – C'est moi.

CAVACHA. – Qu'est-ce que vous avez dit ?

MARTIAL. – J'ai dit ce que tout le monde a dans le ventre. J'ai dit : Vive Libertashio.

CAVACHA, *il grince des dents.* – On devrait vous condamner à trente morts.

MARTIAL. – Il ne fut créé qu'une mort, hélas ! Une en deux : celle des hommes et celle des rats.

CAVACHA, *furieux.* – Tu auras quinze doses de ta mort à toi. Quinze doses. Tu mourras quinze fois...

MARTIAL. – Ça ne fera qu'une mort, hélas !

CAVACHA. – Une mort en quinze étapes. Une mort multipliée par quinze.

MARTIAL. – Égale une mort.

CAVACHA, *aux soldats.* – Coupez-lui la main droite. Crevez-lui l'œil droit. Évitez les pertes inutiles de sang. Il faut qu'il meure par régions. Coupez les oreilles, coupez le nez.
(Martial s'empêche héroïquement de crier mais la douleur le vainc.)

CRIS DE MARTIAL, *en une phrase.* – « Le temps de mourir est passé. Le temps de mourir est passé... Passé... Passé... Passé. »

FIN DU DEUXIÈME SOIR

Le troisième soir

LE PROLOGUE

Il y a tellement de morts. On ne sait plus laquelle mourir. Et au bord de tout cela, des types qui vous crient : « S'il vous plaît ! Faites-moi cette passe de sang. » On peut entendre plus loin : faites-moi cette passe de conscience, cette passe de haine, cette passe de peur, cette passe d'espoir, cette passe... cette passe... cette passe... Et ce type qui demande une passe, c'est déjà « l'autre-vous ». Et la place où nous gardons les « autres-nous » s'appelle la parenthèse. L'infernale parenthèse, qui nous laisse aux mains de l'écœurement, et qui se ferme, qui se ferme. – Ou bien qui s'ouvre, qui s'ouvre. Un homme ça sert à crier, – et à crier quoi, sinon l'Évangile de la peur, qui dit : « Là-dedans, je ne suis pas humain. » Et à la reprise, la passe vous est refaite. La passe de parenthèse ; qui s'ouvre ou bien qui se ferme, choisissez. La passe vous est refaite par cet homme qui crie : « Là-dedans, je ne suis pas humain. » La passe de peur... la passe de honte... la passe de lâcheté. Faites-en ce que bon vous semble. La passe de cette goutte de matière révoltée. Cette blonde goutte de matière rebelle, qui fait tache humaine sur la vie.

Même terrasse. Le fou est à l'entrée de la barrière, endimanché, calme. Un couple arrive.

LE DOCTEUR PORTÈS, *au fou.* – Docteur Portès ! Ma femme ! *(Silence du fou.)* Nous sommes bien chez le sergent Cavacha ? *(Silence du fou.)* Ah ! je vois : vous voulez la carte d'invitation ? Excusez-moi. *(À sa femme.)* La carte, Élise !
(Elle lui tend la carte.) Voici ! voici la carte, monsieur.

LE FOU. – Arrière ! Arrière, Sakomansa !

42

PORTÈS. – Heu ! monsieur. Heu ! C'est votre carte. C'est pourtant votre carte.

LE FOU. – Pas sur la tombe de Libertashio.

PORTÈS. – Comment, monsieur ?

LE FOU, *il va ramasser les feuilles.* – Nous sommes douze là-dedans. Et des douze, Sakomansa est le plus gourmand.
(Il mange les feuilles.)

PORTÈS. – Entrons : c'est un idiot.
(Au curé et ses deux servants qui viennent d'arriver.)
C'est un idiot, mon père.
(Ils entrent.)

MME PORTÈS. – La terre s'en va, la terre s'en va, mon père.

PORTÈS. – Les choses ont changé : maintenant il faut emmener le Christ chez César. César est devenu exigeant. *(Un temps.)* A-t-il vraiment refusé d'aller se marier à l'église ?

LE CURÉ. – Ça, je m'en fous. Je viens pour la confession de ceux qu'on exécute.

LE DOCTEUR. – Qui va-t-on exécuter ?

LE CURÉ. – Libertashio et sa famille.

LE DOCTEUR. – Finalement ! *(Un temps.)* Finalement. Combien aura-t-on eu de Libertashio dans ce pays ?

LE CURÉ. – Mille ? Trois mille ? Des millions ? On n'en sait rien. *(Un temps.)* Paraît que cette fois c'est le vrai.

LE DOCTEUR. – Ils en trouveront encore d'autres vrais. Comme d'habitude.

(Ils montent sur la terrasse. Deux soldats du protocole les guident au salon déjà plein de monde.)

CAVACHA, *en tenue de marié.* – Bonsoir, mon père. Bonsoir, monsieur et madame Portès. Prenez place. *(Au curé.)* On n'attendait plus que vous. Vous avez vos instruments ?

LE CURÉ. – Instruments ?

CAVACHA. – Vos... vos ou... vos outils-là ?

LE CURÉ. – Quels outils ?

CAVACHA. – Le nécessaire pour une messe de noces.

LE CURÉ. – Je suis venu avec tout sauf le Seigneur. Le Seigneur ne peut pas venir chez un ass... chez un t... chez un type méchant.

CAVACHA. – Ça va ! On n'aura pas besoin du Seigneur. On n'a pas besoin du Seigneur ici. On fait les choses pour la beauté de la coutume, suivant les dernières volontés de Mlle Aleyo Lansa Anamanta, future feue Mme Sergent Cavacha.

(Le curé installe son autel sur une table à manger. Les invités se rangent en fer à cheval devant l'autel.
On amène la mariée, douce et gracieuse.)

LE DOCTEUR. – Elle est... elle est bouleversante.

MME PORTÈS, *jalouse.* – Tu trouves toutes les femmes bouleversantes.

RAMANA, *à Yavilla.* – Ce n'est pas drôle. *(Un temps.)* Non. Ça n'est pas drôle de jouer au vivant.

(Cris de Martial.)
On a tout le temps de préparer cette mort.

RAMANA. – Pas drôle.

YAVILLA. – Tu l'as entendu son oui au curé ? C'était comme un vrai oui. C'est de cette façon que je pensais le dire un jour, si... Le oui du sergent aussi a marché comme un vrai. Regarde leurs mains jointes – et les mains du curé : on dirait des vraies. Les anneaux aussi : on dirait des vrais. On se dirait encore là-bas, dans la vie.

RAMANA. – Y a peut-être des morts que la vie poursuit jusque dans la mort.

YAVILLA, *émerveillée*. – Mon Dieu ! Le baiser ! Le baiser ! On dirait un vrai. Le baiser, c'est comme celui que Yamanashio donna à sa femme : il est vrai, il est très vrai. *(Un temps.)* La vie est têtue : elle ne devrait pas nous suivre aussi bas.
(La cérémonie prend fin.)

CAVACHA. – Maintenant, mes amis, prenez place sur la terrasse. Mangez, buvez, dansez. Amusez-vous. Ne laissez nulle place dans votre cœur où la joie ne passe et repasse.
(Applaudissements.)
Madame sergent Cavacha va jouer au piano.
(Aleyo va au piano et exécute des morceaux entraînants. Cavacha danse la vertigineuse ronde des mariés, puis il va à son tour faire crier le piano, c'est Aleyo qui danse.)

YAVILLA. – Non ! non et non : c'est trop vrai tout ça. *(Un temps.)* On est sans doute entré dans une fausse mort.

LE CURÉ, *à Kalahashio*. – Je n'ai pas beaucoup de temps. Il faut que je vous confesse maintenant.

(Elle se confesse à l'oreille du curé.)

LE CURÉ, *à Ramana.* – C'est votre tour.

RAMANA. – Non, mon père. Je n'ai rien ni pour ni contre Dieu. Je suis disponible : à lui d'y voir clair.

LE CURÉ, *à Yavilla.* – Et vous ?

YAVILLA. – Un seul péché : la liberté. J'ai passé ma vie à crier vive Libertashio. Je ne suis que cette force de dire : à bas la dictature – celle des hommes, celle des choses, celle de Dieu si elle existe.

LE CURÉ. – Il n'y a pas de dictature divine, ma fille. La dictature de Dieu s'appelle l'amour. Et cet amour est convertible en liberté.

YAVILLA. – Bon. Tant mieux.
(Cris de Martial.)

LE CURÉ. – Au nom du Père et du Fils et du Saint-Esprit, ainsi soit-il.
(Il les bénit.)

CAVACHA, *à Ramana.* – C'est un bon jour pour mourir.

RAMANA. – Ne regrettez pas : le vôtre sera meilleur.

CAVACHA. – Je n'en doute pas. *(Un temps.)* Offrez-moi une petite danse. La petite dernière.

RAMANA. – Volontiers.
(Ils dansent.
Le Docteur Portès, qui termine sa sixième danse consécutive avec Aleyo, vient s'asseoir à côté d'elle, lui caresse la cuisse, puis ostensiblement le menton, le cou, le sein.

Elle lui sourit.
Madame Portès s'ennuie déjà.)

LE DOCTEUR, *à Aleyo.* − Vous êtes la plus tendre douceur du monde. Vous êtes le plus beau corps du monde, le plus plein. Mon cœur s'énerve à la vue de votre visage. *(Elle sourit.)* Fuyons de cette maison, voulez-vous ? *(Sourire d'Aleyo.)* Vous êtes ma nouvelle terre, mon nouveau soleil, mon nouveau sang... En moi, ça cascade, ça cascade. Ça vertige, ça vertige. Votre corps m'ouvre au soleil des folies, votre corps sonne en moi, il se répète en moi, par balancements, par oscillations, par manèges. *(Sourire d'Aleyo.)* Je deviens comme mille choses, comme mille mondes.

ALEYO, *brusquement.* − Ne parlez plus. La parole est une sorcière impitoyable. *(Un temps.)* Ne parlez plus : vous feriez de moi un revenant. Je suis feue Aleyo. Ici, nous crevons par étapes, par cercles. S'il y en a douze, je suis un mort de la onzième étape.

LE DOCTEUR. − Vous êtes ma nouvelle raison. *(Un temps.)* Je me perds dans votre corps. Tout en moi se bouscule, se bouscule. Je vous aime. Je vous aime sur ondes de chair courtes.

RAMANA, *qui voit l'état de Madame Portès.* − Docteur. Offrez-moi une danse.

LE DOCTEUR. − Un instant, madame ! *(À Aleyo.)* Ma nouvelle lumière, mon nouveau battement. Ton corps fait mal en moi, doucement mal. Mon âme est dissoute dans tes yeux. Mon sang brûle, brûle : au feu, madame, au feu !
(Cris de Martial.)

RAMANA. − Ma danse, docteur ?

LE DOCTEUR. – Une minute !
(À Aleyo.)
Je suis pris dans l'encerclement de ta chair, pris dans l'engrenage de tes odeurs, qui vertigent, qui vertigent. Pris dans les eaux, dans la crue de tes formes farouches. Pris au tendre piège de tes battements. Ton corps penche en moi et me traverse et me troue. Ta chair silexe dans ma chair et l'étincelle qui jaillit, c'est moi.

RAMANA. – Docteur !

LE DOCTEUR, *qui approche ses lèvres de celles d'Aleyo.* – L'étincelle, c'est moi.

MME PORTÈS. – Doct... J... Jean-Marc !

LE DOCTEUR. – L'étincelle. *(Un temps.)* Pourquoi veulent-ils vous tuer ? Parce que vous avez dit vive Libertashio ? *(Il crie.)* Libertashio ! Vive Libertashio ! À bas la dictature. C'est le cri de demain. C'est l'oxygène de demain. Vous avez eu raison. *(Il crie.)* À bas les esclaves du sang. *(Silence général.)* À bas les monstres suceurs de sang. Vive l'espoir !

MARTIAL, *dans sa pièce après un cri de douleur.* – Vive Libertashio ! Vive Libertashio.
(Fuite désordonnée des invités.)

LE FOU. – Arrière ! Pas sur la tombe !

CAVACHA, *au docteur.* – Bravo !
(Au curé.) Confessez-le, mon père.
(Aux soldats.) Les menottes à ce con et à toutes ces connes.
(On les menotte sauf le curé, les deux servants et madame Portès.)

MME PORTÈS. – Docteur !... Jean-Marc !

CAVACHA, *au curé.* – Ça n'a pas l'air de se grouiller pour la confession ?
(Le curé ne bouge pas.)
Mon père !
(Il ne bouge pas.)
Qu'est-ce que vous attendez pour donner à Libertashio ce qui est
à Libertashio ?
(Il ne bouge pas.)
Mon père, faites votre devoir, confessez ce con que l'on va tuer.

LE CURÉ. – Pas la peine.

CAVACHA. – Quoi, pas la peine ?

LE CURÉ. – Je... Je... Je...

CAVACHA, *à Romeganto.* – Soldat, prends les habits du curé pour confesser les condamnés et les bénir.
(On dépouille le curé qu'on laisse en caleçon.)

LE CURÉ. – Seigneur, reviens, reviens ! C'est la fin : la vie est morte
sur terre. Reviens, reviens ! Les hommes ont disparu, restent ces
formes humaines, ces tombeaux humains, mais au-dedans, ce n'est
plus humain. Reviens, reviens.
(Romeganto qui était parti se changer revient.)

CAVACHA. – Romeganto, bravo ! Bravo donc. Tu es cent fois mieux en
robe qu'en uniforme. Merveilleux. Fantastique ! Ça donne envie
de se confesser. Incroyable !

LE CURÉ. – Seigneur ! C'est la fin. Reviens !

CAVACHA. – Essaye de me bénir, Romeganto !
(Il essaye.)
Merveilleux. Tu as des mains bon conducteur de bénédiction. Tu

seras mon curé personnel. *(Un temps.)* Je vais essayer de me confesser : où sont mes péchés ? Où sont-ils ? *(Un temps.)* Pas dans la tête. Pas dans le dos. Il était là pourtant. *(Bêtement.)* J'ai été voleur de D... *(Conscient.)* Non. Pas cela. *(À Romeganto.)* Pose-moi des questions.

ROMEGANTO. – Avez-vous fait la chose-là ?

CAVACHA. – La quoi ?

ROMEGANTO. – La chose qu'on fait avec les femmes ?

CAVACHA. – Raté.

ROMEGANTO. – Raté ?

CAVACHA. – Demande-moi plutôt si j'ai... Bon ! bon ! Bénis-moi : c'est plus simple.

LE CURÉ, *explosant.* – Vive Libertashio !

CAVACHA, *calme.* – Non. Non, mon père. Je n'ai pas entendu. Qu'est-ce que vous avez dit ?

LE CURÉ, *calme.* – J'ai dit vive Libertashio.

CAVACHA. – Donc vous ne savez pas, mon père. Libertashio, c'est Satan, le Diable !

LE CURÉ. – Je m'en fous.

CAVACHA, *à Romeganto.* – Confesse-le, curé.

ROMEGANTO, *au curé.* – Vous avez fait la chose qu'on fait avec les femmes, mon père ?

LE CURÉ, *violent.* – Oui ! Avec ta maman !

CAVACHA, *à Romeganto.* – Arrête. Il mourra avec ce péché-là ! *(Au docteur.)* Vous ? Votre dernière volonté ?

LE DOCTEUR. – Épouser Aleyo.

CAVACHA, *à Romeganto.* – Le mariage pour ces deux-là ! En vitesse.
(*La cérémonie commence.*)

MME PORTÈS. – Non ! C'est trop ! *(Elle crie.)* Vive Libertashio !
(*Elle crie en courant dans toute la pièce comme une folle.*)
Vive Libertashio ! Vive Libertashio !
(*Elle commence à parler une langue incompréhensible.*)
Voueza nazo dashé cala mani Libertana. Okom pourassé akari brouma. Soum ! Soum soumpra, soumprana mani manouméni.

CAVACHA, *aux soldats.* – Arrêtez-la.
(*On lui met les menottes.*)

MME PORTÈS. – Kakara moshé méyané. Koumpra, koumprazo.

CAVACHA. – Quelle drôle de langue... Elle est devenue folle ? Dommage ! On n'entendra pas sa dernière volonté.

MARTIAL, *dans sa pièce.* – Vive Libertashio !

TOUS LES MENOTTÉS. – Vive Libertashio !

CAVACHA. – Coupez-leur les oreilles et enfermez-les avec l'autre épave.

FIN DU TROISIÈME SOIR

Le quatrième soir

Dans la pièce des condamnés.
Faible lumière qui entre par les fentes et les jalousies. Caillots de sang.

ALEYO. – Docteur, Ramana, mon père ! *(Silence.)* Docteur ! Ramana !

RAMANA. – Quoi ?

ALEYO. – Ont-ils... ont-ils tiré ?

RAMANA. – Bien sûr. *(Un temps.)* Ils ont tiré. Ne parle pas : nous sommes morts. Les morts ne parlent pas.

ALEYO, *après un silence.* – La mort ! La mort !

RAMANA. – Ne parle pas.

ALEYO. – C'était donc ça, la mort. Rien que ça ? Si bonne ! Si vivante ! Si...

RAMANA. – Meurs un peu plus que cela. Meurs un peu plus : ils ont tiré.

ALEYO. – Où as-tu ta blessure ?

RAMANA. – Entre les yeux. *(Un temps.)* Un petit trou entre les yeux. Un bon soldat ne fait pas une grande blessure. Ils ont appris leur métier. Parfaitement.

ALEYO, *elle se touche le front entre les yeux.* – Je ne vois pas. *(Paniquée.)* Je suis morte sans le petit trou.

RAMANA. – Ils ont dû tirer sur le cœur.

ALEYO, *elle se touche le cœur.* – Je ne vois pas. Ils ont dû tirer très fin.

LE DOCTEUR. – Taisez-vous. Nous ne sommes pas morts.

RAMANA. – Nous sommes morts. Moi je suis morte.

MME PORTÈS. – Kakara moshé méyané.

RAMANA. – Je comprends : elle dit qu'on est mort à l'aube.

ALEYO. – Mon cœur bat.

RAMANA. – C'est le cœur du vide : il bat dans ta mémoire de mort. *(Un temps.)* Tu n'as jamais dépecé un poulet ? Le cœur du poulet bat jusque dans la marmite. *(Silence.)*

ALEYO. – J'ai froid.

RAMANA. – C'est le froid du vide.

ALEYO, *après un long silence.* – J'ai compté jusqu'à vingt.

RAMANA. – C'est les nombres du vide.

ALEYO. – J'ai peur comme avant.

RAMANA. – C'est l'autre peur : on est mort.

MME PORTÈS. – Aganamanta moshéyi moni.

RAMANA. – Elle dit que la mort ne fait pas mal.

ALEYO. – Moi je ne crois pas que nous soyons morts.

RAMANA. – On l'est. Ils ont tiré. Douze plombs à la même place : ça ne pardonne pas, douze plombs. On est tombé. Le sergent a dit : pas une motte de terre ; laissez-leur les menottes. On n'a pas de terre, c'est pour ça qu'on se croit vivant. *(Un temps.)* Il y a des menottes, même pour les morts. La France en a vendu quinze millions de paires : soit une paire pour deux citoyens. Ça ne leur manquera pas. *(Un temps.)* C'est normal : pas de terre pour les...

LE DOCTEUR. – Taisez-vous. Nous sommes vivants.

RAMANA. – C'est la langue qui parle en souvenir de là-bas. Nous sommes en existence cinétique. On est mort. On est mort. On dit des mots de morts.

ALEYO. – Ou peut-être que la mort n'a pas réussi à nous tuer. *(Brusquement.)* Aïe ! Mes oreilles. Où sont mes oreilles ?

RAMANA. – Tu vois ! Si on était vivant, on saurait qu'ils ont coupé nos oreilles.

ALEYO. – En effet, oui. *(Un temps.)* On est mort. Elle n'est pas vaste cette mort. Elle n'est pas vaste la mort.

YAVILLA. – On est mal morts. On a été mal tués. Nous sommes dans la mort des...

MME PORTÈS. – Moshéyi moni mantani.

RAMANA. – Elle dit qu'on est en route pour le fond – pour le sol de la mort.

MARTIAL. – Je ne suis pas mort. *(Il crie.)* Pas mort. Vivant. Vivant. *(Il crie comme un fou et aboie presque.)* Vivant. Vivant.

ALEYO. – Il a l'air un peu moins mort que nous.

MME PORTÈS. – Ramoushé opanang bourasheyi.

RAMANA. – Chacun est dans sa mort. C'est bien partagé : comme là-haut dans la vie. La solitude. La Sainte Vierge-Solitude. La création est remplie d'enclos. On ne peut pas aller chez le voisin. On ne peut pas entrer dans la mort du voisin.

ALEYO. – On avait si peur de la mort. *(Un temps.)* On avait si peur d'un truc si confortable. *(Un temps.)* Si l'on pouvait aller faire de petits crochets dehors, ça serait parfait.

RAMANA. – Ça viendra peut-être.

ALEYO. – Penses-tu ? Et pourquoi ne venait-on pas ici quand on était chez la vie ? – Est-ce qu'on pouvait deviner une seule seconde qu'ici était comme ici ?

MARTIAL. – Je suis vivant. Je le suis pour vous tous. Je le serais pour le monde entier.

ALEYO. – Alors pourquoi aboies-tu ?

MARTIAL. – Au fait, oui. Pourquoi ? *(Un temps.)* Pour être sûr que je suis vivant.

ALEYO. – Si on l'est, pourquoi vouloir en être sûr ?

MARTIAL. – En effet. Pourquoi ?

ALEYO. – C'est l'odeur de la vie qui vous revient.

LE DOCTEUR, *brusquement et criant.* – J'ai mal. J'ai mal, donc je suis vivant.

ALEYO. – Duperie ! Qui vous a appris que les morts n'ont pas mal ?

LE DOCTEUR. – Ça se devine.

ALEYO. – Pourquoi ne devinez-vous pas le contraire ?

LE DOCTEUR. – En effet, oui. Pourquoi ? *(Un temps.)* Où es-tu, néant ? Viens me chercher. Viens m'écraser.

ALEYO. – Il n'y a pas de néant. La vraie mort se mêle à la vraie vie. Elles s'emboîtent parfaitement, l'une oubliant l'autre. En un mot, la mort c'est comme la vie : le problème est d'y croire. Il faut croire à la mort. Qu'est la vie pour un type qui cesse d'y croire sinon un néant ?

LE DOCTEUR. – Je préfère être vivant. *(Il crie.)* Vivant !

ALEYO. – Ils ont tiré. Il n'y a vraiment pas de raison qu'ils...

LE DOCTEUR. – Je vais vous prouver qu'on est vivant. Avec un truc qui me revient. *(Il crie très fort.)* Vive Libertashio !

ALEYO, *avec un petit rire.* – Si vous croyez que les morts ne disent pas ces choses-là !

LE DOCTEUR. – Il faut tout de même une... une coupure.

ALEYO. – Pourquoi, une coupure ?

LE DOCTEUR. – En effet, oui, pourquoi ? *(Un temps.)* Je ne sais pas, moi. Pour éviter que ça fasse... je ne sais pas, moi.

MME PORTÈS. – Kakara moshé méyané kashi.

Le Docteur. – Ta gueule, toi là ! Si tu n'avais pas été la chienne des chiennes que tu as été, je n'aurais pas eu ce cœur d'en aimer une autre. Je n'aurais pas eu cette envie de crier leurs mots et ils ne m'auraient pas t... *(Un temps.)* Non ! Je suis vivant. Ils ne m'ont pas tué ; ils n'ont pas tiré.

Aleyo. – Ils ont tiré.

Le Docteur. – Bon ! C'est probable : ils ont dû tirer. Ils ont tiré. Mais moi, je suis vivant. Ou bien je suis mort la vie ouverte.

Aleyo. – Prouvez-nous que vous êtes vivant.

Le Docteur. – Ça se prouve tout seul.

Aleyo. – Comme ça se prouve tout seul qu'ils ont tiré et qu'on est mort.

Le Docteur. – C'est possible. *(Un temps.)* Alors les morts sont des cons !

Mme Portès. – Moshé mouhahana déré karachémi.

Le Docteur. – Ta gueule, infidèle ! Putain ! Fille de chienne ! Chienne des chiennes ! Tu as... fait la chose – avec tout le quartier. Ah ! Ça m'est remonté dans les nerfs ! Ça m'a donné envie de me venger. Et voilà les fruits de tes adultères. *(Un temps.)* Les morts sont des cons.

Aleyo. – Je n'en sais rien. *(Un temps.)* Y a un mot qui me trotte dans la cervelle. Un mot vivant : la torture, la torture. Celui-là au moins est vivant.

Le Docteur. – Alors on est vivant.

ALEYO. – Ce mot-là est vivant.

MME PORTÈS. – Moshémi moshéniam nashaka yaltara.

LE DOCTEUR. – Elle compte ses adultères. *(Un temps.)* Franchement elle
aura été le côté le plus moche de ma vie. *(Un temps.)* Un jour, j'ai
demandé des détails au curé qui la confessait. Le type a biaisé,
mais cela signifiait que c'était tout le quartier. Nous avons changé
de ville trois fois, partout elle est restée la même. Le soir elle puait
tout le monde : le pêcheur, le forgeron, le tailleur, le boucher, l'instituteur, le jardinier... Tout le monde. J'ai bu, j'ai fumé, je suis allé
avec des poules : mais c'était elle, l'ordure que j'aimais. Le corps
est inintelligible. La viande. La viande humaine. Ça ne sera jamais
humain : j'ai pensé à tuer. Mais tuer quoi ? On ne tue pas la
trahison en tuant le traître. Puis j'ai pensé à une balle dans ma
propre cervelle. Mais... *(Un temps.)* Je crois que j'ai rompu la glace
avec ma mort. Maintenant je suis sûr qu'ils ont tiré et qu'on est
mort.

ALEYO. – Aïe !

LE DOCTEUR. – Quoi ?

ALEYO. – Est-on vraiment mort ?

LE DOCTEUR. – Oui, mort !

ALEYO. – J'ai peur.

LE DOCTEUR. – De quoi donc ?

ALEYO. – Je ne sais pas, moi : de la mort.

LE DOCTEUR. – Elle n'est pas douloureuse.

ALEYO. – Malheureusement. *(Un temps.)* Elle n'a pas le droit d'être la même que la vie.

LE DOCTEUR. – Le néant, ma chère !

ALEYO. – Ça m'est égal le néant.

LE DOCTEUR. – Justement. Justement : ça ne serait pas le néant autrement. Comme mon néant avec Élise quand là-haut je me disais : ça m'est égal – ça devenait plus méchant. Ça me prenait tout le sens de la vie. Maintenant qu'ils ont tiré sur moi...

ALEYO. – Ils n'ont peut-être pas tiré.

LE DOCTEUR. – Si, si ! Ils ont tiré. On est mort. La preuve : il fait nuit depuis trop longtemps. La preuve : on n'a pas faim. Pas d'autres bruits que nous.

LE CURÉ. – Reviens, Seigneur, reviens ! La terre est passée.

ALEYO, LE DOCTEUR, RAMANA, MARTIAL, YAVILLA. – Mon père !

LE CURÉ. – Taisez-vous. Ils n'ont pas tiré. Ils attendent que le sergent se réveille.

ALEYO. – C'est vrai ? On n'est pas mort ?

LE CURÉ. – Non. On attend.

LE DOCTEUR. – Moi, je suis mort. La vie est déjà trop loin derrière. Je ne reviens pas.

LE CURÉ. – Cette mort de la vie, Seigneur, cette mort de la vie !

ALEYO. – Mon père, comment savez-vous qu'ils n'ont pas tiré ?

LE CURÉ. – Ils n'ont pas tiré.

LE DOCTEUR. – Oui, mais comment le savez-vous ?

LE CURÉ. – Je le sais... parce qu'ils n'ont pas tiré.

LE DOCTEUR. – Drôle de savoir !

ALEYO. – C'est la foi, mon père : vous croyez qu'ils n'ont pas tiré. Eh bien, moi, je vous garantis qu'ils ont tiré. Un soldat, c'est fait pour tirer. Si ça ne tire pas, c'est que c'est un soldat qui ne fonctionne pas. Nous sommes morts. Regardons cette réalité dans les yeux. Dans le fond des yeux.

MME PORTÈS. – Dagani odaganishé mosheniama.

LE DOCTEUR. – Elle me donne envie de la tuer trois fois. *(Un temps.)* Elle aurait dû se confesser. Elle a trop fait la chose-là avec tout le quartier.

LE CURÉ. – Reviens ! L'heure approche. Reviens.

LE DOCTEUR. – Je suis jaloux comme pendant la vie.

LE CURÉ. – Reviens, reviens !

LE FOU, *dehors.* – Arrière ! Arrière ! Pas sur la tombe de Libertashio.

ALEYO, MARTIAL, RAMANA, LE DOCTEUR, YAVILLA. – On est vivant !

LE FOU. – Hé ! S'il vous plaît ! Pas de sang sur la tombe ! Pas de sang !

60

ALEYO. – Mais, oui : vivant.

MME PORTÈS. – Kakala bashé bouerta moshéni. Moshéni moshémi.

LE DOCTEUR. – On est mort. La voix du fou peut arriver chez les morts. On est mort. On est mort. *(Un temps.)* Élise parle de ses adultères en langue d'ici.

MME PORTÈS. – Moshémi ramata konapera kubableni katara zou asheni !

LE DOCTEUR. – Et je ne cesse pas d'aimer cette chienne ; comme pendant la vie. On n'a pas eu d'enfants par sa faute.

MME PORTÈS. – Moshéni mataranta.

LE DOCTEUR. – Moshéni de ta mère ! Moshéni de ton père. *(Un temps.)* Elle me met les nerfs en crue, comme pendant la vie. Manquent seulement les mains pour lui casser la gueule. Comme du vivant de la vie.
(Bruits du matin.)

LE CURÉ. – Reviens ! Reviens !

MME PORTÈS. – Moshéni moushéna. Matara ntani moshéria.

ALEYO. – La lumière !

CAVACHA, *dehors.* – Les condamnés seront fusillés sur la prétendue tombe de Libertashio.

ALEYO, LE DOCTEUR, YAVILLA, RAMANA, MARTIAL, KALAHASHIO. – Ils n'ont pas encore tiré.

LE CURÉ. – Ils vont tirer.

ALEYO. – Oui, maintenant. *(Un temps.)* Ils meurent avec un soleil de moins, ceux qui partent à l'aube. *(Un temps.)* Faisons un dernier effort pour savoir pourquoi on crève.

MARTIAL. – C'est simple : on est des bêtes artificielles.

ALEYO. – Et pourquoi des bêtes artificielles ?

MARTIAL. – Qu'est-ce que tu ne comprends pas là-dedans ?

ALEYO. – En effet, oui. Qu'est-ce que je ne comprends pas là-dedans ? C'est farouche là-dedans, farouche mais simple. *(Un temps.)* La peur est morte, la honte aussi, le courage, tout. Reste la chair à tuer.

FIN DU QUATRIÈME SOIR

LE PROLOGUE

Ah ! Cette ville rasée où ils n'ont pas laissé Pierre sur Paul ! Mais un homme à qui on donne une chance sur dix de vivre n'a pas de quoi se plaindre dans un monde où la moyenne devient celle d'une chance sur mille.

Les condamnés sont disposés en fer à cheval sur la tombe de Libertashio, face à un peloton qui attend et à des fusils qui attendent.
Long silence.
Puis...

LE FOU. – Libertashio ! Douze qui ne vont plus manger. Douze qu'on est dans ton corps. Libertashio ! Douze dans ton corps.

ALEYO. – Qu'est-ce qu'ils attendent ?

LE DOCTEUR. – Qu'on ait peur.

ALEYO. – C'est trop tard. *(Un temps.)* Vous avez peur, vous ?

LE DOCTEUR. – C'est trop tard. Ce n'est plus tout à fait humain en moi.

ALEYO. – Je regarde les canons pour voir comment ça sortira.

YAVILLA. – Il faut avoir peur sinon on n'est pas normal.

ALEYO. – Normal ! *(Un temps.)* Mais normal pour quoi faire ?

YAVILLA. – Pour qu'ils ne tirent pas sur des morts. Il faut même crier pour que ça ne meure pas dedans. *(Elle crie.)* Vive Libertashio !

63

LE DOCTEUR. – Elle a raison. S'ils tirent sur des morts, c'est la catastrophe. *(Il crie.)* Vive Libertashio !

LE FOU. – Douze dans ton corps !

LE CURÉ. – Reviens ! Reviens !

MME PORTÈS. – Moshé manitarouzou asheni.

LE DOCTEUR. – Mais tirez donc, bande de cons !

UN SOLDAT. – Attendez, bande de cons !

LE DOCTEUR. – C'est ignoble. Je vais avoir peur.

ALEYO. – Non, docteur ! Il faut mourir comme un i. Il faut mourir touffu. *(Elle crie.)* Vive Libertashio !

LE CURÉ. – Revins ! Reviens !

RAMANA. – Je me demande ce qu'ils vont tuer en moi.

MME PORTÈS. – Mosheni moshena.
(Cavacha sort accompagné de deux soldats et de Romeganto en tenue de prêtre.)

CAVACHA, *à Romengato.* – Bénis-les.
(Il les bénit.)

LE FOU. – Libertashio ! Libertashio ! Douze dans ton corps. Douze ! Douze Libertashio !

CAVACHA, *aux soldats.* – Tirez sur ce con.
(Rafales sur le fou qui s'écroule.)

ALEYO. – Docteur ! J'ai peur. Ma bouche tremble. Mon intérieur s'allume.

LE DOCTEUR. – Il faut mourir comme un i.

ALEYO. – Les yeux des fusils. Ça me regarde dans la chair. Ça me regarde, ça me regarde.

LE DOCTEUR. – Ils vont sourciller si tu cries « vive Libertashio ».

ALEYO, *elle essaie de crier.* – Ma voix ! Ma voix ! Je n'ai plus de voix.

LE DOCTEUR. – Je te prête la mienne. *(Il crie.)* Vive Libertashio !

YAVILLA. – Mes pieds sont tombés. Mon sang est fou. Mes yeux ont disparu. Qu'est-ce qu'ils vont tuer en moi ?

LE CURÉ. – Reviens ! Reviens !

YAVILLA. – Vous avez vu le sang du fou ? On dirait qu'il est bleu.

ALEYO. – Je le vois rouge.

MME PORTÈS. – Moshénamani moshéni.

LE DOCTEUR, *rageant.* – Tirez donc, bande de cons ! Bande de...

CAVACHA. – Ça dépend de nous. On peut même tout remettre à demain. Le temps ! Oui, le temps. Vous êtes dans notre temps. Notre temps, vous entendez ? Notre temps.

LE DOCTEUR. – Oui, bâtard ! Votre temps ! Oui. Mais je meurs debout – toi, tu mourras à quatre pattes, tu mourras la mort des mouches. À moins que tu ne retournes... sous les jambes de ta maman ! Je te crache tout mon sang, toute ma puanteur dans les nerfs. Assassin ! Assassin ! Ordure des ordures. Chien des chiens : monstre. Que le ciel soit noir sur tous les jours de ta bâtardise.

CAVACHA, *aux soldats.* – Couchez-le. Qu'il meure sur le ventre. Qu'il essuie la honte de mourir sur son ventre.
(On le couche sur le ventre. Un soldat vient en courant vers les lieux.)

LE SOLDAT, *criant.* – Ne tirez pas. Ne tirez pas !

CAVACHA. – D'où sort-il celui-là ?

LE SOLDAT. – Ne tirez pas.

CAVACHA. – Qu'est-ce qu'il veut ce con ?
(Le soldat arrive au niveau de Cavacha et se jette sur ses genoux.)

LE SOLDAT, *essoufflé.* – Ce temps-là est fini, sergent ! Le temps de tirer est mort.

CAVACHA. – Qui vous envoie ? D'où venez-vous ?

LE SOLDAT. – De la capitale. Nous venons de la capitale. Nous faisons partie du Corps des Messagers du Guide pour la Paix. Nous portons l'uniforme et les fusils de la paix. C'est fini ces choses-là ! Les fusils de la répression sont morts. Libertashio est mort. La radio nationale l'a annoncé.

CAVACHA. – D'accord ! D'accord ! Mais ces chiens ont crié « vive Libertashio ». Ils sont pour lui.

LE SOLDAT, *avec un rire.* – Vous me semblez des années en arrière, sergent. Le Guide et la Radio nationale ont dit : « Vive Libertashio. » On l'a fait héros national. La Radio nationale s'appelle maintenant

« La Voix de la Démocratie ». Le Guide du peuple...

CAVACHA. – Quel Guide ?

LE SOLDAT. – Le Chef du Gouvernement provisoire. Le Frère de la Liberté, votre frère, notre frère à tous. Le...

CAVACHA. – Pas mal ! Les cons de la capitale se sont débrouillés pour nous pisser dans la peau ! Pas mal. *(Un temps.)* Pas mal ! Mais moi je reste sergent.
(Il prend deux fusils et crie.)
À bas Libertashio !
(Il tire sur les condamnés avec rage.)
À bas Libertashio. *(Un temps.)*
Ceux qui veulent me suivre, en route. Nous allons fusiller la Radio nationale. Nous allons fusiller la capitale.
(Il tire sur le messager.)
En route !
(Ils partent tous.)
(Du tas de cadavres sort la voix du docteur qui a été oublié.)

LE DOCTEUR. – Non, mort. Tu ne peux pas. Tu n'as pas le droit. Non. Tu ne peux pas me fermer dans cette... dans cette parenthèse. Non, déluge ! Tu ne peux pas me sauter. Non, non, non, non et non. Je ne veux pas germer ! Non !
(Le docteur se lève dans ses « non », tout couvert du sang des autres.)

FIN

Je, soussigné cardiaque

Pièce primée lors du 7e Concours théâtral interafricain

À messieurs Mayanda
Nouany
Dihoulou-Toko
et tous mes amis
de la localité de Boko
Vous qui m'avez persuadé
qu'un homme n'est beau
que lorsqu'on le connaît.

Aux comédiens
de la troupe théâtrale
« La Vérité-zoni-Ndongi ».

À Sylvain Bemba
le premier lecteur, l'ami
et le grand frère.

Au docteur Antoine Manissa

S.L.T.

Les personnages

MALLOT BAYENDA Instituteur, 29 ans.

MWANDA Sa femme, 22 ans.

PERONO Colon espagnol de nationalité lebangolaise, 60 ans.

BELA ÉBARA Directeur général de l'enseignement en République du Lebango, 46 ans.

MANISSA Médecin-chef à l'hôpital général d'Hozana, capitale du Lebango.

OKO-KARIBOU Boy de Perono.

HORTENSE Secrétaire de Bela Ébara

LES ÉCOLIERS

L'ASSISTANTE

LES MALADES

LES EMPLOYÉS DU MINISTÈRE

LES SENTINELLES

LES SOURIS GRISES

LE PELOTON

LA FUSILLADE

NELLY Fille de Mallot, 4 ans

Tableau I

Scène 1

Cellule de prison. Lumière venant du couloir par les barreaux. De temps à autre on entrevoit une sentinelle qui fait les cent pas. Dans un coin de la cellule, petit lit en fer avec matelas déchiré. Défilé des souris grises sur un grand corps étendu qui ronfle odieusement. Elles grimpent le long du torse nu et saignant.
Long silence.
Brusquement le corps remue.
Les souris détalent.
Mallot se réveille, fait sonner ses menottes.
Pas de sentinelles dans le couloir.

MALLOT *(tic de la tête).* – Aah ! *(Il quitte le lit, marche dans la pièce puis revient s'asseoir.)* Aah ! Ils savent bien que je vais crever. *(Un temps.)* Mais ils m'ont battu comme du foin. Aaah ! *(Long silence.)* Je suis le chien. *(Il aboie.)* Du chien. Mais on dirait que ça ne prend pas. *(Il aboie encore. Tête d'une sentinelle aux barreaux.)* Non, ça ne prend pas. *(Long silence.)* Je suis le cochon. *(Il grogne.)* Oui, du cochon. *(Il grogne encore.)* Mais est-ce que ça prend vraiment ? Est-ce que ça prend à cent pour cent ? *(Un temps.)* Non. Tu entends, Mallot, c'est non. *(Silence.)* J'aurais dû le tuer. J'en avais le temps. J'en avais les moyens. Mais le geste sentait le caca. Il était trop vide ce geste. Trop rond, trop creux. *(Silence.)* Je suis le chacal. *(Il aboie.)* La vipère. *(Il siffle.)* Le hibou. *(Il hulule.)* La musaraigne. *(Il respire ses mains.)* Pour me juger, il faut se référer au code pénal des musaraignes. Oui, il faut... *(Un temps.)* Je l'avais là, dans mes mains. Suffisait de frapper. Mais frapper était plus fort que moi. Frapper me terrassait. *(Un temps.)* Frapper, c'est le geste le plus bête du monde. *(Silence.)* Il faut pourtant que j'arrive à me mettre au monde – un instant, une seconde, ça n'a plus d'importance. Exister – juste le temps de s'en persuader. – Faut vraiment pas que je me rate – que je crève vif. Et... *(Un temps.)* À l'aube ils viendront. Ils feront fonctionner la loi sur le bruit limpide de ma respiration – sur la chaleur vierge de mes entrailles. Il faut qu'elle fonctionne, la loi. Du fait que la cour après en avoir délibéré... Aah ! non. Il faut que j'arrive à accoucher de moi pour les vaincre. Mais comment ? Mais quand ? *(Silence.)* Aah ! Je suis le charognard – la civette, même pas. Je suis le sexe endolori de la putain. J'encaisse mes derniers coups de viande dans cette nuit impitoyable. *(Tic de la tête.)* En le tuant, je serais venu en taule par un chemin, le chemin, mon chemin ; et je crèverais quitte. Quitte mais vide. Oh, si seulement j'avais un semblant de truc à me raconter. Pour arrêter ce temps silencieux qui me ronge. *(Il va aux barreaux, regarde dans le couloir. Grands pas de sentinelles.)* Écoute, Mallot... En laissant cette punaise d'Ébara dans le dos, tu as gonflé l'univers. Tu l'as multiplié par toi. La petite opération, la mathématique des âmes savantes. Tu deviens le sommet des mondes, le sommet des hommes aussi. Même si la cour après en avoir délibéré... Oui, oui. Il faut qu'elle fonctionne la loi. Il faut que Perono aussi fonctionne. Le Lebango, Hozana, les tours de whisky – la putain qui tangue la rumba – il faut bien que tout cela fonctionne. Et pour que tout ça fonctionne, il faut que tu crèves. *(Un temps.)* Tu pouvais être innocent. Hé ben non ! Tu es coupable, coupable de toi. Oui, Mallot, de toi. Et les coupables que veux-tu qu'on en fasse ? Il faut qu'ils crèvent. Tu pouvais dire : « Je ne veux pas crever maintenant. À cause de Nelly et sa mère. » Mais Nelly et sa mère sont coupables sur rendez-vous. Coupables sur commande. Aah ! Je suis acculé contre moi – jusqu'à moi. Je crève de ma tête, de mon odeur, de ma façon de pisser. *(Il imite une rafale et tombe.)* Quelle belle vie meurt avec moi ! Il y aura du sang, une odeur, des mouches, puis rien. Aaah ! *(Rire douloureux.)* T'embête pas, Mallot. Tu es le milliard de Dieu. C'est avec toi que le ciel achète le néant. Mais pourquoi le néant ? Pourquoi ? *(Tic de la tête.)* Non. Te fais pas la cour. Tu n'as pas servi. Tu meurs vierge. Tu te bats dans le vide pour emmerder le vide. Tu voulais vider le vide. *(Silence.)* Ces quelques heures qui te restent, il faut les dépenser à regarder dans ta peau. Écoute ton odeur. Fais du bruit. Le bruit de ta marque. Marche. Bouge. Crie. Comme cela tu tiens les sentinelles éveillées. Tu leur donnes du fil à retordre. Puisque tu ne peux servir qu'à cela. Deux ou trois que tu mets à l'autre bout de ton odeur. Pas mal. *(Il crie. Bruits de pas dans le couloir.)* Voilà, ils se souviendront. Avec Nelly... et sa mère cela fera au moins quatre. Quatre qui se souviennent. Quatre qui pensent. *(Tic.)* Le petit du ventre naîtra. Sa mère lui racontera. Tout. C'est doux de raconter à un enfant qu'il a eu un papa casse-mondes. Il retient facilement. Il raconte à son tour. *(Un temps.)* Évidemment, si on lui demande : « De quoi il est mort, ton joli père ? » – Il se tait. Il ne saura pas. Non, il ne saura pas. *(Tic.)* En sortant volontairement de la merde, je casse le néant ; je refuse d'exister sur commande. J'ai voulu, je veux. L'homme n'a jamais eu lieu, je l'invente. J'exige une viande métaphysique. Je suis, je reste, je meurs debout. J'ai escaladé toute chose jusqu'à moi. Oh, l'éblouissant sol soleil des mondes fondants au fond de ma fougue ! J'annule le mal et le bien d'un petit geste du pouce. Là ! Je renverse le ciel à coups de pied. Là ! La mort a capitulé devant ma délicieuse hantise de respirer. *(Silence.)* Est-ce que tu te fais pas l'amour, Mallot ? *(Il crache.)* Tu n'as pas existé. Tu meurs grossesse. Tu fêtes le néant. Tu te fais des phrases. Ah ! Que je suis douloureux à moi-même ! J'essaye de vouloir jusqu'au bout, de fatiguer les choses jusqu'à moi, d'esquinter les narines. Cette vie de chien, Mallot, cette vie de chien. Tu voulais boxer, cabosser, renvoyer, sentir la foudre. Compte jusqu'à trois et dis que tu n'es pas coupable. *(Tic.)* Voici ! J'écrase la merde. J'ai choisi ma pointure d'oxygène. J'écrase Perono, Ébara et les autres hommes à haute tension ; j'ai grillé l'univers, j'ai grillé mon siècle. Là ! J'arrive jusqu'à moi – Mallot ! Je réponds : présent. Oh ! J'accouche présent, j'ai accouché de ce moi métaphysique qui bouscule ma viande et mes os. Ooh ! Je meurs aller et retour. Mais je suis éblouissant au fond de mon vide ! Imprenable ! Jusqu'au bout imprenable ! Jusqu'au dernier bâtonnet d'oxygène. Je t'ai vaincu, Perono, je t'ai vaincu, Ébara. Je piétine la cour et la loi. *(Halluciné.)* J'électrise ma chair de cette fougue de respirer. J'aggrave tous les bruits de ma viande indocile, j'élargis mon sang, j'élargis mes os. Mallot ! Mallot ! Tu... *(Il bourdonne des mots inaudibles et se rendort. Ronflements odieux. Les souris reviennent. Nuit dans la cellule.)*

N.B. *Le reste de cette pièce se déroule sous*
forme de rêve et le réveil intervient seule-
ment à l'aube, avec l'arrivée du peloton.

Scène 2

*Avant que la lumière ne se fasse sur la scène, grands bruits de déchargement,
voix, appel, cris, chants de coq, coups de pilon : c'est le soir au village.
Enfin vrombissement d'un gros camion qui s'éloigne, klaxon intempestif.
Puis la scène s'éclaire sur un village forestier. Le soleil couchant se répand
en multiples nids de lumière dans les voûtes. Au premier plan, devant une
case, des bagages pêle-mêle : lits, matelas, chaises, tables, sacs, valises,
mortiers, vaisselle...
Les villageois qui avaient afflué à l'arrivée du camion s'éloignent par petits
groupes silencieux. Ils ont fini de voir le nouvel instituteur qui remplace
Monsieur Loko tué dans un accident de circulation à Hozana. Debout
devant les bagages, Mallot, plus jeune que dans la scène précédente, moins
barbu et moins chevelu, Mwanda, grosse de quelque cinq mois, et Nelly.
Tous sont rouges de poussière.
Mallot vérifie les bagages.*

MALLOT. – Les salauds !

(Il essaye de se regarder dans le miroir fendillé.)

Les salauds. Le lit aussi. Ils l'ont achevé. Alors que ma femme...
Ah ! Quelle vie ! Quel boulot ! Pour les trente-deux cailloux CFA
qu'on vous lance à la fin du mois. *(Un temps.)* La petite machine à
enseigner. Et qui commence à fabriquer le bruit de sa marque :
tsang ! tsang ! tsang ! Qu'est-ce que tu attends pour casser, hein ?
Comme ton lit, comme la table, comme le pied de ta chaise.
Casser. Qu'on n'en parle plus. Que tout devienne... *(Il prend un
quartier de terre et l'effrite.)* poussière. Poussière vierge où dorment
cent noms, cent légendes, cent vanités – lac, gouffre – poussière
fatiguée qui poudroie, qui hésite. *(Un temps.)* Que tu me fais souf-
frir, ô pays. Pays ou seulement putainerie. Tu falsifies le rythme de
mes reins. *(Tic.)* Tu compliques mes petits tours de viande. Tu
fatigues ma fougue de respirer. Ô pays, que tu m'es douloureux.
Depuis bientôt dix ans, on me bouscule comme une vieille
marmite. On me vide de mes nerfs, de ma tête et de mes os.

(Il bouge les reins.)

Ça coince. Parce que là-dedans dorment près de quatre mille
kilomètres de mauvaise route – quatre mille kilomètres de

secousses : tchik ! tchik ! tchik ! *(Brusque.)* Mallot ! Allons donc !
Au travail.
(Il secoue sa femme.)
Au travail, Madame Mallot. Après tout on est une malédiction
merveilleuse. On construit la tempête au fond des crânes. *(Rire.)*
Qu'on remue, qu'on vente dans ces petites têtes. Le pays, qu'on
l'invente à coups de pied. Et puis... Quatre mille kilomètres de
secousses, ça ne m'a pas empêché de fabriquer une charmante
petite fille de ton calibre, hein, ma petite Nelly ?
(Il embrasse rageusement sa fille.)
Les fonds du...

MWANDA. – Arrête donc !

MALLOT. – Mais, ma pomme...

MWANDA. – Tu fais un joli paysage pour ces marmots : un maître qui
beugle comme une vache.

MALLOT. – Oh, tu sais ? Moi, le silence, ça m'affole. Il faut que je fasse
du bruit. N'importe lequel. Pour me persuader que je suis là ! Il
faut bien que ma sale condition la ferme. La tempête. Dans ma
soupe aux ignames. Dans mon verre de nsamba[1]. Dans ma tasse
de café. L'ouragan. Comme cela je m'entends vivre.
(Un temps, puis à un écolier.)
Hé toi, viens là que je commence ma distribution. Quoi, tu as
peur ? Vous les Pygmées avez de ces manières ! Tu ne comprends
donc pas que je suis ton père ?
(L'enfant approche timidement.)
Où est la rivière ?

---

1 Vin de palme.

L'ENFANT. – Pour se laver, m'sieur ?

MALLOT. – Oui, mon enfant. Pour se laver.

L'ENFANT. – Non, m'sieur. Il n'y a pas de rivière pour se laver. Il y a les puits. On tire l'eau et on se lave à la m'son.

MALLOT. – On va se débrouiller.

UN PASSANT. – Bonziour, moumaître.

MALLOT. – Bonjour, papa... *(À l'enfant.)* Quel cours tu suis ?

L'ENFANT. – Le CM1, m'sieur.

MALLOT. – Le CM1. Un bon calibre. Écoute, marmot, tu cours au village. Tu informes tous mes laptots de l'arrivée du nouvel instituteur. Tu précises qu'on démarre dès demain.

L'ENFANT. – Tout le monde est à la chasse, m'sieur.

MALLOT. – Tu parleras quand ils rentreront.

L'ENFANT. – Des fois qu'ils dorment là-bas, m'sieur.

MALLOT. – Comment t'appelles-tu ?

L'ENFANT. – Okuvele-Kapanzi.

MALLOT. – Hé bien, Okuvele, nous espérons que personne ne dormira à la chasse cette nuit. Tu as ma mission, là, dans ton petit crâne. En attendant, tu vas conduire madame au puits.

L'ENFANT. – Bien, m'sieur.

UNE PASSANTE. – Bonjoure, monitèr.

MALLOT. – Bonjour, maman.
(Il cherche des clous dans ses bagages et se met à bricoler son lit. Grands coups de marteau.)
Heureusement qu'on prévoit toujours ce genre d'engins. *(Coups.)* Vous m'avez fait un grand tort, monsieur Loko. Fallait attendre la fin de l'année pour aller crever à Hozana sur votre moto. On ne m'aurait pas trimbalé jusqu'ici, en plein mars. On aurait attendu. Moi ou peut-être pas moi. *(Coups.)* Oh ! Là-dessus, avec une femme... *(Coups furieux.)* Le petit chiffre. Qu'on bascule. Toute la merde. *(Coups.)* Quel métier crapuleux. *(Coups.)* Crapuleux. *(Coups.)* Crapuleux. *(Il fredonne tout en frappant sourdement du marteau. Puis à un enfant.)* Hé !

L'ENFANT. – Moi, m'sieur ?

MALLOT. – Oui. Ousqu'on achète du pétrole dans ce village ?

L'ENFANT. – Non, monsieur. Qu'il n'y a pas de pétrole dans le coin. Que si vous voulez on peut aller vous débrouiller une lampe à huile.

MALLOT. – Ça, par exemple ! Pas de pétrole. Il faut vraiment dire que cet idiot de camionneur m'a rendu un honorable service en emportant mon bidon.

L'ENFANT. – Et puis, il y a monsieur Perono et le curé. Que c'est des gens qui ont toujours plein de pétrole même quand ça manque partout.

MALLOT. – Bon. Je me lave et tu me conduis chez le curé.

L'ENFANT. – Ké monsieur ! Pas le curé. Que lui est très personnel avec son pétrole. Il donne que la communion et les images du juif mort sur la croix. Que nous pouvons essayer monsieur Perono. C'est le bon Dieu du coin. Il est très, très gynécologue.

MALLOT. – Hein ?

L'ENFANT. – Qu'est-ce qu'on dit, monsieur, pour un homme que il partage avec tout le monde ?

MALLOT. – Généreux.

L'ENFANT. – C'est cela, monsieur, généreux. Qu'un jour il m'a donné cent francs pour seulement que je lui ai déplacé vingt-cinq briques. Cent francs en chair et en os. Le curé, c'est le grand frère du diable. Qu'on ne peut pas tirer un caillou de ses doigts. Il donne les images. Hein, monsieur, que personne au monde ne mange les images

MALLOT. – Personne. *(Un temps.)* Qu'est-ce qu'il fait ici, monsieur Perono ?

L'ENFANT. – Il dit qu'il est chercheur. Mais nous, on ne sait pas ce qu'il cherche. Il ramasse des os, des cailloux, des insectes... tout. Il est vraiment ministérieux.

MALLOT, *rectifiant.* – Mystérieux.

L'ENFANT. – Que c'est cela, monsieur. Qu'on le respecte beaucoup. Que si vous voulez vivre en paix, faut pas déranger monsieur Perono. Parce que vous avez tout le pays dans le dos en cinq minutes.
(Mwanda rentre du puits avec une cuvette d'eau sur la tête. Nelly la précède qui tangue sous un petit seau. Mallot leur sourit.)

MALLOT. – Il y a du pays pour tout le monde.
(Il soulage Nelly.)
Ça, ma fille, c'est ton morceau de Lebango. *(Il soulage Mwanda.)* C'est loin ?

MWANDA. – Quinze cents mètres. Mais il y a la colline. Et puis, faut attendre son tour.

MALLOT, *au gosse.* – Le marché, c'est quand ?

L'ENFANT. – Tous les dimanches, à la mission.

MALLOT. – Le dispensaire ?

L'ENFANT. – À la mission.

MALLOT. – La boutique ?

L'ENFANT. – Monsieur Ottellini a fermé. Qu'on ne sait pas pourquoi. Des fois qu'il nous donnait du poisson salé un peu gâté pour très peu d'argent. Vous savez que le poisson salé, c'est la kola du Pygmée. Les mauvaises langues boutiquent que c'est monsieur Perono qui l'a chassé.

MALLOT. – Attends que je me lave rapidement. On va quémander du pétrole chez l'ami Perono.
(Il fait un abri avec des pagnes et commence à se laver bruyamment, en chantant. Mwanda, aidée de deux villageoises, emménage. Glorieuses poussières de soleil dans les voûtes.)

RIDEAU

Scène 3

*Chez Monsieur Perono. Immense villa. Bruit d'un petit groupe électrogène.
Au salon, masques, objets d'art africain, collections de toutes sortes. Au fond
du salon, une immense table à manger. Le tout nage dans un luxe insolent.
Perono dîne paisiblement. De la cuisine vient un appétissant parfum de frites.
Brusquement...*

PERONO. *(Il tousse fortement.)* – Karibou ! Karibou !
(Il tousse et promène une main désespérée vers un récipient vide.)
Karibou !

KARIBOU. *(Il accourt.)* – Oui, patron ?

PERONO. – De l'eau ! *(Il tousse.)* De l'eau !
*(Karibou court chercher de l'eau au frigo et ne la trouve pas ; il court à la
cuisine, toujours rien.)*

KARIBOU. – J'ai oublié de vous dire, patron, que le moteur d'eau est en
panne.

PERONO, *rouge de colère.* – Oui ! ouais ! ouais ! *(Il tousse.)* Pourquoi est-
ce que tu ne me consultes pas avant d'enfoncer tes sales bataclans
de bâtard dans ma nourriture ? *(Il tousse.)*

KARIBOU. – Mais, patron...

PERONO. – Apporte au moins un jus... au lieu de... de me regarder
comme un... *(Il tousse.)* empoisonneur.
(Karibou va chercher du jus de fruits. Perono boit et tousse de plus belle.)

KARIBOU. – Patr... patron ! Bouchez les narines et respirez par la
bouche. Ça passera vite...

PERONO. – Oui, ouais ! *(Il s'exécute.)* Ça passera vite. *(Il tousse.)* Tu crois
que j'ai une g... gorge de... de Pygmée, moi ?

KARIBOU. – Ne parlez plus, si vous voulez que ça passe.

PERONO. – Oui, ouais !
(Silence et attente. Il tousse de moins en moins.)

KARIBOU. – Ça vient !

PERONO, *rouspétant.* – Oui, ouais !

KARIBOU. – Ne parlez pas.
(Le calme revient. Perono ouvre ses narines, boit un coup, jauge Karibou.)

PERONO. – Empoisonneur. *(Silence du boy.)* Un jour, tu finiras par affecter un morceau de ton cul de Pygmée au fond de ma nourriture. *(Il tousse.)* Qu'est-ce que c'était ?

KARIBOU. – De la moutarde enrichie, patron.

PERONO. – Tu m'as vraiment enrichi. *(Il tousse.)* Où est-ce que tu as été chercher ça ?

KARIBOU. – J'ai acheté le *Nouveau Guide de la cuisine équatoriale* par Gaston Delaboxe.

PERONO. – N'est-ce pas ? *(Il tousse.)* Gaston Delaboxe ! Regarde-moi bien. Est-ce que j'ai une gueule de Français, moi ?

KARIBOU, *convaincu.* – Non, patron.

PERONO. – Alors, pourquoi est-ce que tu vas me fiche de la franconnerie dans la gorge ? Pourquoi ? *(Il tousse.)* Tu te fous de moi, ou quoi ?

KARIBOU. – Non, patron. Je vous jure que non. *(Silence.)* Oh ! Vous êtes mon père, ma mère, mon pays, tout. Vous...

PERONO. – Peut-être croyez-vous que le Blanc sous la botte du Pygmée c'est pour demain ?

KARIBOU. – Non, patron. Je vous jure que non.

PERONO. – Mon bel ami... *(Il tousse.)* Je t'ai toujours dit que...
(Il tousse, se lève, disparaît dans sa chambre d'où il ressort avec une Bible. Il l'ouvre et lit :)
« Qu'il soit l'esclave de l'esclave de ses frères. » Peut-être crois-tu que ça sort de moi seulement. Eh ben, non. C'est depuis la Genèse. Ça vient tout droit de Dieu. Vous descendez de Cham. Maudits pour de bon.

KARIBOU. – Oui, patron.

PERONO. – Et tant que vous n'aurez pas compris cette petite chose...
(Aboiements dans la cour.)
Va voir.
(Karibou sort.)
Pygmée pour pygmée, ce rôti est délicieux. Il faut avouer que Karibou a du blanc dans les doigts. *(Il fredonne. Entrent Mallot, l'enfant et Karibou.)*

L'ENFANT. – Bonsoir, monsieur Perono.

PERONO. – Bonsoir, mon enfant.
(À Mallot.)
C'est le nouvel instituteur, j'imagine ?

MALLOT. – Oui, monsieur...

PERONO. – Salvator Perono.

MALLOT. – Mallot Bayenda.

(Shake-hands.)

PERONO. – Asseyez-vous, s'il vous plaît.

MALLOT, *s'asseyant.* – Merci.

PERONO. – Whisky ? Cinzano ? Martini ? ou Primus, monsieur l'instituteur ?

MALLOT. – Rien, merci.

PERONO. – Le vrai rien ou le rien des Pygmées ?

MALLOT. – Le vrai.

PERONO. – Même pas un jus de fruits ?
(Mallot remue la tête.)
Un sirop ?

MALLOT. – Un sirop peut-être.

PERONO, *à Karibou.* – Un sirop. Pourvu que tu n'y glisses pas de ta moutarde enrichie.
(À Mallot.)
Cigare ou Craven A ?

MALLOT. – Je ne fume pas, merci.
(Karibou apporte deux sirops.)

PERONO. – Tu es sûr que tu ne les as pas pimentés ?

KARIBOU. – Non, patron.

MALLOT, *buvant.* – C'est un sale coin.

86

PERONO. – Mon paradis ?

MALLOT. – Vous n'êtes pas exigeant, monsieur Perono.

PERONO. – Si ! Je me connais. Je le suis et bestialement. Mais ici, je ne manque de rien. *(Un temps.)* Les étrangers, chez moi, c'est le pétrole qui les amène, je me trompe ?

MALLOT, *avec un rire.* – Non.

L'ENFANT. – Hein, monsieur Perono, que vous êtes plus gynécologue que le père Arthur ?

PERONO. – Gynécologue ?

MALLOT. – Il veut dire généreux.

PERONO. – Ah !
(Rires.)
Ici, voyez-vous, monsieur l'instituteur, je suis tout. Absolument tout.

MALLOT, *dispos.* – Presque tout.

PERONO. – Absolument tout.

MALLOT, *avec un rire.* – C'est pas impossible.

PERONO. – Je suis le drapeau, la loi, la liberté, le droit, la prison, le diable et le bon Dieu, enfin. Vous voyez bien – tout. *(Un temps.)* Si bien que toute la région m'écoute et m'obéit, disons aveuglément.
(Silence de Mallot.)
Je crois qu'on vous a parlé de moi.

MALLOT, *hésitant.* – Pas pour ainsi dire.

PERONO. – Quel malheur !
   (Il commande un Martini.)
   Vous avez perdu beaucoup de temps. Parce que vous aussi...
   (Il avale une gorgée.) vous aurez à m'obéir.

MALLOT. – Vous plaisantez beaucoup, monsieur Perono.

PERONO. – Ah ! Vous croyez ? Quel genre d'instituteur êtes-vous, si
   vous ne pouvez pas piger un truc qui crève les yeux ?
   (Silence de Mallot.)

MALLOT, *rêveur.* – Je n'ai pas de chance.

PERONO. – Pardon ?

MALLOT. – Je viens de trop loin pour ne pas devoir vous dire...

PERONO. – D'où venez-vous au juste ?

MALLOT. – Oh ! Monsieur...

PERONO. – Vous ne savez même pas d'où vous sortez ?

MALLOT. – Je sortais... D'où voulez-vous qu'un homme qu'on a toujours grignoté sorte sinon du fond de son odeur ?

PERONO. – Vous me distrayez, instituteur. Encore un sirop ?
   (Refus de Mallot.)
   Est-ce que vous savez que vous me distrayez !

MALLOT. – Si vous êtes si simple que cela !

PERONO. – Simple ? Pas tout à fait. Je vous trouve bon enfant. Vous avez du ton. *(Un temps.)* Depuis des années, je n'ai jamais rencontré un Pygmée de votre solidité.

MALLOT. – Je ne suis pas un Pygmée.

PERONO. – Oh ! Pour moi, vous l'êtes. *(Un temps.)* Encore un sirop ?
(Refus de Mallot.)
Voyez-vous, depuis longtemps je n'ai jamais eu que du vide devant moi. Du vide en face. Un vide vierge. C'est énervant, le vide. *(Un temps.)* Vous êtes le seul qui allez m'obéir parce que je commande. Les autres, nom de Dieu, c'est la foutaise. Ils obéissent par paresse. Vous, je vous fête. J'en aurai au moins un, oui, au moins un qui obéira par conviction, donc tendrement.

MALLOT, *amusé.* – Je ne sais pas obéir.

PERONO. – Rassurez-vous, vous apprendrez et c'est là que ça devient séduisant. Les autres savent – depuis la naissance, ils savent – ils n'ont pas besoin de moi. Vous, si. Oh ! J'ai parfois rencontré de petites exceptions. L'infirmier, par exemple, un gosse qui avant de venir avait lu Mao. Au début, il rouspétait. Mais il a fini par comprendre qu'on ne peut pas enfanter du pétrole. *(Il boit.)* Un autre salaud, c'est l'Italien. Un certain Ottellini. Irréductible. Mais j'ai fait fermer sa boutique en quatrième vitesse, avec des ordres venus d'Hozana. Et feu monsieur l'abbé, un imbécile de Rwandais qui s'amusait à exciter les Pygmées : les gorilles l'ont envoyé par petits morceaux au paradis. *(Il boit.)*
Ici personne ne me résiste. Personne. Je distribue le droit et l'oxygène. J'écrase tout le monde. Mais il faut me comprendre. Cette soif de puissance, j'en ai besoin pour fabriquer ma propre manière de respirer ; j'en ai besoin pour fonctionner. Oui ! Toute ma chair et tout mon sang me prient de suffoquer les autres.

MALLOT. – Je hais les héros. Mais vous me donnez comme ça un petit besoin – une sorte de tentation. Vous sentez délicieusement l'animal.

PERONO, *calme.* – Vous m'avez insulté, instituteur.

MALLOT. – Je vois. Nous sommes faits l'un pour l'autre. Tout à l'heure, vous évoquiez le vide. Le vide d'en face. C'est un peu cela pour moi aussi. Depuis la mort de mon père, je n'ai plus eu quelqu'un devant moi. Quinze ans bientôt. Personne en face. Ou plutôt des guignols, des chiffes, du vide qui remuait le vin et les femmes. La belle élite du Lebango, l'élite des charognards. Les boîtes à merde. Et ça vous gratte la conscience. Ça vous griffe, ça vous griffonne.

PERONO. – Vous êtes une espèce de poète ?

MALLOT. – Oui. Et je vous chante. Parce que vous êtes vrai. Tous les autres sont des faux lâches ou des faux courageux – des faux diables ou des faux bons Dieux. Ah, si vous saviez ! Là-bas, à Hozana, on m'a dépensé comme du sel de cuisine, rincé comme du linge – rincé et sucé. Mais qui suçait ? Des ombres. Le vide comme vous dites. Ils ont fini par faire de moi un Dieu. Malheureux, mais Dieu quand même. Huit ans que je travaille ; et depuis, ils m'ont déplacé quinze fois. Vous vous rendez compte ? Paraît que je sens le Chinois. Et c'est cette odeur-là que vous avez réveillée.

PERONO *(grand rire).* – Ça, c'est des idées, monsieur l'instituteur. Moi, je me fiche totalement des idées. Je m'arrête au seul bruit de l'oxygène au fond de ma viande. J'aime ou bien je déteste. Et dans ce que je déteste, il y a les Noirs.
(Il boit.)
Je n'suis pas le bon Dieu, moi. Je suis un reste, une épave de la civilisation de consommation. *(Rire.)* Oui, monsieur l'instituteur.

Je suis la ruine. Et vous ne pouvez pas demander à la ruine d'avoir des idées comme ça ! J'ai des sous, des millions, des milliards et je m'en sers à dégonfler les autres. Parce que c'est beau. La raison-nature.

MALLOT. – Vous m'obsédez.

PERONO. – Ça n'est pas un jeu, monsieur l'instituteur. C'est ma nature, toute ma nature, mon excuse de bouger, croyez-moi.

MALLOT. – Je ne perdrais pas mon temps si vous n'étiez qu'un jeu. Je vous trouve vrai. *(Un temps.)* Vous croyez peut-être que je suis un héros ? Pas du tout. Mais vous m'obsédez d'une obsession déli-cieuse. Vous me remuez. Vous êtes une ordure pure. Or, moi, j'ai un petit faible pour la pureté, le plein. J'adore le plein – le plein de vide comme le plein du plein. *(Silence de Perono.)* Vous m'avez infligé un coup de foudre. Parce que vous êtes le plein diable, la pleine crapule, l'ordure qui vibre. Vous me bombardez vos quatre-vingt-dix kilos de viande de cochon dans les nerfs. Perono ! Je porte ce nom comme une grossesse – il bouge dans mes côtes, il ébranle mes reins. Je vais le mettre au monde. Perono. Il bloque mon bas-ventre. Il sort. Il est sorti. Ah ! Vous m'avez déviergé. Déviergé.

PERONO. – Sortez !

MALLOT. – Pas maintenant.

PERONO. – Quand ?

MALLOT. – Vous croyez que je suis un héros. Mais si, vous le croyez. Ben, non ! Je suis simplement la réponse. Une réponse aller et retour.
(Perono disparaît dans une pièce et revient avec un bidon.)

L'ENFANT, *joyeux*. – Le pétrole ! Je vous disais que monsieur Perono était cent fois plus humain que le père Arthur.

MALLOT, *qui prend le bidon et le vide sur le tapis*. – Regardez, monsieur Perono, je vous renverse. Aller et retour. Vous croyez à la marche arrière, n'est-ce pas ? Non. Les hommes de mon calibre n'ont pas de marche arrière. Ils défoncent, ils cabossent. *(Un temps.)* Vous vouliez me posséder, pas vrai ? Eh bien, me voici. Je vous grille. Parce que je m'appelle « Feu-sur-la-merde ». Je suis imprenable. Imprenable, vous m'entendez ? Je fonctionne naturellement et simplement. Le plus simplement du monde. Vous voulez m'apprivoiser, dites-vous ? C'est votre droit. Le droit de la crapule. *(Un temps.)* Non, monsieur Perono : je suis impossible à mettre en conserve.

PERONO. – Vous croyez ?

MALLOT. – Comment donc !

PERONO. – Si vous n'étiez qu'un héros, je vous laisserais faire. Parce que les héros ne résistent ni à la couleur locale, ni au temps, ni au dédain. Ils finissent par s'effondrer dans leur propre vide. Mais je vois, je vous découvre : vous êtes l'envers du lâche, même pas. Il suffira peut-être qu'on vous retouche pour avoir un lâche tout cru. Non, même pas un lâche. Parce que les lâches ont besoin du temps. Leur temps est celui des autres. *(Un temps.)* Ni lâche, ni héros. Qui êtes-vous au juste ?... Je ne vous demande pas de répondre. Je le saurai. D'où venez-vous ? Qui vous envoie ? *(Silence de Mallot.)* Personne. Dans ce pays personne ne peut m'envoyer quelqu'un. Parce que je suis l'argent. Personne ne pose de questions à l'argent. Non, personne. Je suis le bonheur, le malheur, l'amour, la haine, le drapeau et la loi. Je suis le bien et le mal. Tout dans ce monde m'appartient : les idées, les hommes, les nations, tout. L'homme est une soif de posséder – et moi le breuvage.

Instituteur des pantoufles, je m'en vais vous ouvrir les portes d'un enfer prêt à porter.

L'ENFANT. – Vous avez eu faute de le quereller.

PERONO. – Tu voulais m'échapper, n'est-ce pas ? Je te ferai ronger ta propre viande. Ta viande de civette. Tu m'as humilié devant ce gosse, devant mon cuisinier et devant moi-même. Ils en parleront dans tout le village et tu deviendras le héros. Par un petit coup de hasard. Attends un peu.
(Il disparaît dans une pièce.)

L'ENFANT. – Vous avez eu faute, monsieur.

MALLOT. – C'est un serpent.

KARIBOU. – Une vipère.

L'ENFANT. – Que non. Lui n'est pas personnel. Il partage. C'est le bon Dieu d'ici. Que même le père Arthur le dit à l'église. Il...

PERONO, *revient en maugréant. (Il jette un lot de billets de banque aux pieds de Mallot.)* – Ramassez. Ça me ferait un gros plaisir de vous voir baisser la tête. Hein, mon petit Dieu. C'est trop peu ?
(Il jette une autre liasse.)
Tenez ! Encore ? Tant que vous en voudrez.
(Il amoncelle des liasses aux pieds de l'instituteur.)

MALLOT. – Raté, monsieur Perono. Raté à cent pour cent. Je fonctionne encore. Je reste imprenable. Marque ordinaire. Je vais vous raconter. Quand je suis venu au monde, trois gros y étaient arrivés déjà : le Christ, Marx et Mao. Vous connaissez ? *(Silence de Perono.)* Le premier avait semé la bonne histoire avec laquelle les papes ont tué, trompé et trahi pendant des siècles. Les deux autres, même malheur : ils ont monté des fabriques d'égalité, des usines de justice – des édifices idéologiques dont les gens aujourd'hui se servent pour tuer et tromper. Au fond, toutes les fois que descend un prophète, les hommes le détournent comme des sous ; ils mettent ses bonnes idées à leur compte courant de lâcheté. Qui aujourd'hui ne tue pas avec les idées du Christ ? Qui ne tue pas avec les mots de Mao ? Eh bien, moi, je ne suis ni le Christ, ni Marx, ni Mao. Je suis l'IMPRENABLE. L'HOMME-PREMIER !

PERONO. – Oui, ouais ! L'imprenable ordure.
(Mallot donne un coup de pied aux liasses.)
Sortez !

MALLOT. – Monsieur Perono, battez les cartes. *(Un temps.)* Vous les avez battues ? Eh bien, je ne regarde pas. Je vous tourne le dos. *(Il lui tourne le dos.)* Je crâne. Distribuez. Vous pouvez tricher si ça vous amuse. *(Un temps.)* Ça y est. Vous les avez distribuées ? Et... *(Il se retourne.)* Là. Je crâne encore. Je vous foudroie. Je me plante comme un carré d'as dans votre tête. Là ! Vous fondez. Vous allez chavirer. Vous êtes bien malade du cœur ? *(Silence de Perono.)* Je crâne. Je réveille votre maladie. Là ! Ça bouge. Ça fait mal. Très mal. Ça vous tue lentement. Lentement mais sûrement. Ça vous écroule du dedans. Parlez donc. Osez parler si vous ne tombez pas mort. *(Silence de Perono.)* J'ai arraché votre cœur. Je l'ai là, dans mes mains. Je l'étreins. Je le presse. Je l'étrangle. Je le tue. *(Cri de douleur.)* Je remonte. Lentement. Jusqu'à vous. Regardez ! Je vous fatigue comme une fille. Je vous dissous. Là. Je vous donne à manger à...

PERONO, *il crie.* – Arrêtez !

MALLOT. – Maintenant ? Non. Pas maintenant. J'avance. Je vous défais le nombril et l'anus. Je vous mets des bulles de merde dans

94

le cerveau. Mais je ne suis même pas un héros. Même pas. Toutes les fois que le cultivateur voit une mauvaise herbe, il l'arrache. Comme ça. Par habitude. Tu ne m'as rien fait ou presque. Mais je t'arrache. Par méchanceté. Je suis un lâche de la marque la plus ordinaire, une espèce de chinoiserie. *(Un temps.)* Je bouge dans toutes les tiges de votre chair. Je l'éclabousse. Vous entendez ? Plouf ! Plouf ! Plouf ! J'écarte vos chromosomes.

PERONO. – Assez !

MALLOT. – Pas encore.

PERONO. – Vous êtes chez moi.

MALLOT. – Et je crâne. Je fonctionne.

PERONO. – Vous allez arrêter.

MALLOT. – Et comment ?

PERONO. – Comme ça.

MALLOT. – Comme ça, comment ?

PERONO. – Vous m'avez saboté, pygmoïde... Moi, je vais vous annuler.

MALLOT. – J'ai forniqué avec vous.

PERONO. – Je vous déviergerai.

MALLOT. – Qui vous dit que je suis vierge ?

PERONO. – Votre façon de crâner. *(Un temps.)* Je vous déviergerai.
  (Il disparaît dans une pièce puis revient.)

Regardez ce chèque. Vous l'avez vu ? Je l'envoie à quelqu'un que je connais, là-bas, au large du régime. En contrepartie, il devra vous torturer pendant tout le reste de vos jours. Il le fera, croyez-moi. Pour dix millions, il acceptera de vous donner à boire toute la merde du Lebango. Toute. *(Un temps.)* Crânez donc que je vous voie. Hein ? Vous êtes fini ! *(Rire.)* Fini.

MALLOT. – Vous êtes une ordure digne de moi. Je vous chante.

PERONO. – Juste le temps d'attendre qu'on touche le chèque et vous partirez d'ici. Une bagatelle de sept jours. Vous repartirez comme vous êtes venu, monsieur l'instituteur. Vous repartirez d'ici et d'ailleurs. Vous voyez ce que je veux dire ? De raisons de service en raisons de service, vous aurez du pays. C'est une douce condamnation. Jusqu'au jour où vous reviendrez ici, dans cette maison, me demander pardon ; reconnaître que vous n'êtes rien de plus qu'une ordure. L'ordure classique. *(Un temps.)* Crânez, pour voir.

MALLOT. – Vous êtes sûr de me faire partir d'ici ?

PERONO. – D'ici, d'ailleurs, de partout. Vous connaissez le pays, oui ou non ? Le Lebango. Vous partirez en quatrième vitesse. J'aurais pu monter un jeu plus méchant. Un truc qui vous mange. Mais je vous préfère vivant – en train de me maudire tout le temps. J'adore qu'on me maudisse. Mon nom bouillira dans votre sang. Perono. Perono. Il vous rongera les articulations : ce cochon de Perono. C'est pourtant le titre que je vous ai réclamé ici – le titre de cochon – mon titre. Mais que vous n'avez pas voulu me reconnaître. Non, vous n'avez pas voulu me rendre mes hommages de cochon. Vous avez dit tout à l'heure : quand un prophète arrive sur terre, les hommes le placent à leur compte, ils se servent de son génie pour posséder les autres. Posséder, la seule réalité de ce monde. Nous sommes deux groupes d'hommes sur cette terre, oui, deux : ceux qui possèdent et ceux qui cherchent à posséder. Et la justice ou tout au moins ce qu'on appelle ainsi, c'est le fait de ceux qui possèdent à tort devant ceux qui cherchent à posséder. La vertu, le patriotisme, le bien, le courage et votre crânerie, c'est comme cela que je les résume : un besoin de posséder. Posséder quoi ? Eh bien, soi, les autres et le monde. En fait les vrais vertueux sont ou des lâches (parce qu'ils camouflent ou bien étouffent leur nature) ou simplement des travestis. *(Un temps.)* Vous l'avez dit vous-même : les papes se servent du Christ pour apprivoiser le monde, les riches de l'argent, les apôtres de Dieu, les politiques du pouvoir, les artistes de la parole – moi je me sers de moi. Par besoin d'originalité. J'ai une viande qui porte. Une viande exigeante aussi. Là-dedans, tout me demande de posséder. Mon argent m'y aide. Tout le monde ici me comprend. Parce que je suis la vérité, la nature, l'homme. Je ne sens ni Satan, ni le bon Dieu – je sens Perono, je sens le néant : c'est énervant le néant. Je m'énerve, le plus naturellement du monde.

MALLOT. – Monsieur Perono.

PERONO. – Pardon ?

MALLOT. – Si vous n'étiez que cela, je vous tuerais.

PERONO. – Vous êtes un héros ?

MALLOT. – Non. Le vrai non.

PERONO. – Alors ?

MALLOT. – Je ne sais pas, moi. Une manière de... Comme on brûle les ordures.

PERONO. – Vous êtes sûr que l'ordure c'est moi ?

MALLOT. – Sûr et certain.

PERONO. – Vous êtes un imbécile. Un gros. Un saligaud.
(Il fait le tour de Mallot plusieurs fois et lance une injure toutes les fois qu'ils sont face à face.)
Un fou ! Un travesti ! De la viande morte. Moi, voyez-vous, je fabrique de vrais coups d'oxygène. Je vente. Je tempête. Tout à l'heure vous avez failli me faire croire qu'il y a des Pygmées spéciaux. Non. Vous n'êtes qu'un Pygmée comme tous les Pygmées du monde. Vous puez un peu. Vous respirez le caca. *(Un temps.)* Non. Je n'ai pas de préjugés, moi. J'appelle les choses comme elles s'appellent. Tout à l'heure, quand vous me crâniez dans le dos, je vous admirais. Je me disais : ça n'est pas de la pacotille ce gosse. Tu étais imprenable à un certain moment. *(Un temps.)*
Je vais t'annuler, salaud. Et pour le faire, je n'ai même pas besoin de moi. Non, même pas. Je prends des gens. Les tiens. Des Pygmées. Je ne fais aucun calcul compliqué : je lève la tête et je trouve. Là-bas, au large du Lebango, j'ai des gens. Trois ou quatre qui accepteront mes dix millions et qui te donneront l'enfer.
(Un temps.) Tu vas croire que tu me coûtes cher. Pas du tout. J'ai acheté du plus sale à des prix plus élevés. La mort d'un saligaud d'Hozana par exemple. Un goujat qui avait la peau dure. J'y ai enfoncé trente-six millions. L'arrestation d'un autre animal – un politicien – soixante et onze millions. Et le départ du mouchard italien. *(Rires.)*
Cela fait trente ans que je vis ici. Hozando est ma terre maintenant. Ma patrie. Là-bas, derrière la villa, j'ai fait creuser ma tombe dans une grosse pierre. Après ma mort, mon fantôme continuera à faire trembler ce pays.
(Tic de Mallot.)

Avec ce chèque, je te paye une chambre en enfer. Et quand tu n'en pourras plus, reviens me voir. Tu mettras tes genoux là où tu as versé le pétrole me demander pardon. Ne perds pas trop de temps. Je suis cardiaque et les médecins m'ont condamné.

MALLOT, à *l'enfant*. – Partons.
  (*Ils sortent. Les chiens de Perono aboient furieusement.*)

Scène 4

Chez l'instituteur. Lampe à huile au salon. Dans la chambre, Mallot donne les dernières touches au lit. Mwanda apprête la table. Nelly dort sur un pagne étendu à même le sol. Grands coups de marteau et jurons dans la chambre.

MWANDA. – Tu lui fais plus de mal que de bien en tapant avec cette brutalité.

MALLOT, *dans la chambre.* – Toi tu peux la fermer.
  (Coups furieux puis Mallot sort et voit Mwanda lugubre.)
  (Il l'embrasse.) Allons, mon grillon, mon nénuphar. Ne me fais pas cette tête-là. *(Silence de Mwanda.)* Ma chérie ! *(Un temps.)* Écoute. Tout ne viendra plus de moi désormais. Perono m'a déviergé. Je me battrai. Contre qui ? Pour qui ? Pourquoi ? Je ne sais pas. Mais je me battrai. Dans le vide. Pour vider et souiller le vide. Non. Je ne suis pas la chose des autres. J'appartiens à moi. Seulement à moi. Et je vais me dépenser à acheter le moi. *(Tic.)* Ou peut-être que je prends au tragique ? *(Un temps.)* Il nous donne sept jours pour partir d'ici.

MWANDA. – Qui, il ?

MALLOT. – Perono.

MWANDA. – Qui est Perono ?

MALLOT. – La loi d'ici.

MWANDA. – La loi ?

MALLOT. – Tu te rappelles ? Il y a quatre mois, on nous a chassés de Kwamou, parce que j'ai dit la vérité au chef régional et parce que j'ai montré au gouverneur qu'il trompait les analphabètes, qu'il était un simple petit tueur de whisky.

100

MWANDA. – Oui, je me rappelle. Eh bien ?

MALLOT. – Ça sera un peu la même chose. La même chose. À cette différence près que Perono nous laisse sept jours. *(Un temps.)* Et on nous chassera de partout. Jusqu'à la mort.

MWANDA. – Qu'est-ce que tu lui as dit à Perono ?

MALLOT. – Que c'est une ordure.

MWANDA. – Ça servait vraiment que tu le lui dises ?

MALLOT. – Non.

MWANDA. – Alors, pourquoi l'as-tu dit ?

MALLOT. – Je ne sais pas. Une façon de s'occuper.
(À lui-même après un temps.)
Est-ce que je suis vraiment une gueule de héros ? *(Silence.)* Ah ! Mon père ! Fallait attendre un peu avant de mourir. M'attendre. Tu as fomenté un vide amer autour de ma viande. *(Un temps.)* Que c'est dur, juste ciel, d'être son propre père – se mettre au monde tout le temps. *(Silence.)*

MWANDA. – Tu es sûr qu'il le fera ?

MALLOT. – Il a les sous. Ce n'est même pas lui qui le fera. Ce sont les pistons de là-haut. Les anges du large. Je connais leur pointure de lâcheté. Ils arrivent toujours à vous tuer comme avec votre permission. *(Un temps.)* C'est énervant de crever comme sur ses propres ordres. *(Tic.)* Je pouvais pourtant l'éviter. *(Un temps.)* Mais éviter quoi ? S'éviter ? Tu pouvais vraiment t'éviter, Mallot ? Te feinter ? Passer à côté de toi ? Te rater, te cacher de toi ? Non. Et au nom de quoi ? La paix, hein ? La paix de la pierre taillée.

L'encaisse-coups. Tu pouvais ? Présenter l'autre joue ? *(Un temps.)* Non. Voici ce que le Christ a vraiment dit : « Frappez de votre crânerie ceux qui vous frappent de leur morve. » Oui, la glaise du simple, c'est son crachat. *(Il crache plusieurs fois.)* Là ! Une bonne dose de salive dans les nerfs de Perono. Ça vaut toutes les mitraillettes du monde. Toutes les bombes.
(Il crache une rafale.)

MWANDA. – Non, chéri ! Tu t'éloignes. Tu commences à m'échapper – comme l'ombre, comme le vent. Tu...

MALLOT. – Je suis leur homme, tu comprends ? Leur chose. Et il faut que je leur arrache ça. J'enrage d'être un chiffre dans leurs vilains calculs. Un chiffre qu'on pousse, qu'on bastonne, qu'on bouscule. Il ne faut pas qu'ils bougent pour moi ; qu'ils respirent ma ration d'oxygène. Je deviendrai une foudre – la foudre – la tempête. Je les empêcherai de planter un non-lieu au centre du bruit de ma respiration. Le cheval – le cheval-oxygène. Non, ça jamais. Je vais me créer, me mettre au monde. Exister à cent pour cent. Fonctionner. Choisir ma taille et mes dimensions. J'ai trouvé, je vais démissionner de la fonction publique des putains. *(Un temps, puis, il crie :)* Démissionner, oui, démissionner. *(Silence.)* Et qui gagne si tu démissionnes ? Si tu fous le camp ? Qui gagne ? Perono. Les autres. La foutaise. Tu t'annules. Personnellement, tu ne seras plus. *(Un temps.)* Dis donc, c'est douloureux le néant portatif. Non. Jusqu'au bout. Il faut que j'arrive à accoucher de moi. Oui. De moi. Il faut que j'arrive à les mettre en panne. *(Un temps.)* Qu'est-ce qu'on a fait, ma chérie ?

MWANDA, *doucement.* – Nous ? On n'a rien fait.

MALLOT. *(Il l'embrasse.)* – Tu es sûre qu'on n'a rien fait ? Sûre de tout ton corps de femme ?

MWANDA. – Oui. De tout mon corps. Sûre.

MALLOT. – Alors, pourquoi ? Pourquoi est-ce qu'ils nous traquent ?
Pourquoi est-ce qu'ils nous piègent ? Hein ? Pourquoi ?

MWANDA. – Personne ne nous traque.

MALLOT. – Oh ! Pardonne-moi. *(Un temps.)* D'ailleurs, pourquoi se
tracasser ? Ils finiront par m'avoir. Je le sens, là, dans toute ma
chair. *(Un temps.)* Avant de m'envoyer ici, ils savaient. Ils avaient
choisi leur coin. Ils savaient que Perono me recevrait très bien. Ils
se sont servis de moi pour pêcher dix millions de francs.
L'hameçon. Tu es l'hameçon, Mallot. *(Un temps.)* Mangeons ma
chérie, veux-tu ?
(Il entraîne sa femme vers la table dont un pied est cassé.)
Mangeons, c'est plus facile. Après on fera l'amour, puis le sommeil... *(Tic.)* Je chavire. Je m'effondre, je fonds. *(Tic.)* À moins que
je ne me prenne au tragique. *(Il mange.)* Ah ! Cette grande boxe de
respirer. L'enfer. Le Lebango.
(Il tousse fortement.)

MWANDA. – Tu peux pourtant t'arranger pour ne pas aboyer quand tu
manges une nourriture pimentée.
(Elle lui tend de l'eau.)
Tu finiras par m'enrager moi aussi.
*(Mallot se lève et va se coucher. Il tousse dans la chambre. Mwanda prend
Nelly et le rejoint. Toux prolongée.)*

RIDEAU

Tableau II

Scène unique

Vingt-huit jours plus tard. Devant la case de l'instituteur – carrés d'élèves, affluence. Un gros camion Mercedes. On embarque.
En face, Perono et ses trois gros chiens suivent la scène paisiblement.
Perono fume.
De temps en temps, Mallot lui jette un coup d'œil et crache.
Pendant qu'on embarque, les enfants chantent. Il y en a qui ont les larmes aux yeux.

LES ENFANTS *(Ils chantent.)*
Pour vous dire au revoir
Nous voici tous
Autour de vous
Pour ce que vous
Avez fait nous
Ne vous
Oublierons pas
Vous avez été pour nous pas
Un chef mais un sou-
tien. C'est grâce à vous
Que nous
Avons notre bonheur.
Refrain / Nous ne saurons vous
Dire quel était notre amour
Pour
Celui qui nous
Quitte et part peut-être pour
Toujours *(bis).*
(Mallot chante avec eux. Il a des larmes dans la voix. Quand on a fini d'embarquer, Mallot serre la main à quelques villageois affligés. Il salue Perono du geste en s'efforçant de ricaner.)

PERONO. – Bon voyage, instituteur.

MALLOT. *(Il crache.)* – Vous avez compris, monsieur Perono ? La salive, c'est le milliard du simple.
(Il crache et monte. Le camion démarre. Perono lève sa canne en signe d'adieu. Mallot crache.)

RIDEAU

Tableau III

Scène 1

Long couloir d'hôpital. Au fond, salle d'attente vitrée sur le couloir : deux bancs, deux chaises, bureau de l'assistante. Derrière une porte bleue, inscription en lettres blanches « Docteur ». Sur les bancs, huit personnes attendent avec Mallot.
Va-et-vient des malades dans le couloir.

MALLOT, *à lui-même.* – Quand j'aurai ce papier-là !
(*Silence – des gens poussent un mort qu'ils pleurent bruyamment, jusqu'au fond du couloir où ils prennent l'ascenseur.*)
Quand je l'aurai...
(*L'assistante sort du bureau du docteur.*)

L'ASSISTANTE, *à Mallot.* – Vous êtes le monsieur d'hier ?

MALLOT. – Pardon ?

L'ASSISTANTE. – Si vous êtes le monsieur d'hier...

MALLOT. – Mademoiselle, je suis d'aujourd'hui et je veux voir le docteur.

L'ASSISTANTE. – Vous voulez voir le docteur : pourquoi ?

MALLOT. – Pourquoi voit-on un docteur ?

L'ASSISTANTE. – Votre nom ?

MALLOT. – Je suis son cousin.

L'ASSISTANTE. – L'homme d'hier ?

MALLOT. – Non, l'homme d'aujourd'hui.

L'Assistante. – Vous étiez là hier ?

Mallot, *agacé.* – Ouais !

L'Assistante. – Le docteur ne vous reçoit pas.

Mallot. – Qu'il vienne me le dire lui-même.

L'Assistante. – Vous êtes si important ?

Mallot. – Un malade est toujours important.

L'Assistante. – Vous ne voulez pas qu'on appelle la police ?

Mallot. – Pour quoi faire la police ?

L'Assistante. – Pour vous faire partir.

Mallot, *sérieux.* – Mademoiselle, regardez-moi bien. Ai-je la tête de quelqu'un qui fait travailler la police ?

L'Assistante, *de bon cœur.* – Non.

Mallot. – Alors, s'il vous plaît, dites gentiment au docteur que le malade d'hier est revenu.

L'Assistante. – Il me dira de vous dire qu'il ne vous reçoit pas.

Mallot. – Essayez toujours. Précisez que c'est mon père, son oncle, qui payait pour ses études. *(L'assistante disparaît derrière la porte du docteur. Longue attente. Pleurs dans le couloir.)*
Ce papier-là, quand je l'aurai... Mais oui que je l'aurai !
(Impatienté, il tire la porte et entre chez le docteur.)
Bonjour, docteur.

MANISSA, *sans lever la tête*. – Qui vous a dit d'entrer ?

MALLOT. – Ma fatigue. *(Silence.)* Cousin ?

MANISSA, *sans lever les yeux*. – Oui ?

MALLOT. – Tu vas me le faire ce papier ?

MANISSA. – Non. *(Un temps.)* Non.

MALLOT. – Tu vas me le faire.

MANISSA. – Non.

MALLOT. – Mais pourquoi ?

MANISSA. – Parce que je ne peux pas uriner sur mon boulot.

MALLOT. – Tu ne l'as jamais fait ?

MANISSA. – Si ! *(Un temps.)* Si !

MALLOT. – Alors, tu ne veux pas répéter ?

MANISSA. – Non.

MALLOT. – Cousin.

MANISSA. – Oui ?

MALLOT. – Tu as mal choisi ton heure de fabriquer le bon Dieu. *(Silence.)* Quelqu'un a bouffé dix millions pour se jouer de ma gueule. Il me fait mal et quel genre de mal ? Il me pousse où il veut, comme un chiffre. Il a commencé. Tu sais où il m'envoie ? À l'autre bout du Lebango. Je pars d'Hozando en quatrième vitesse. Deux mois à Hozana. Et maintenant ils veulent me bombarder là-bas... Non, je veux rester, qu'ils me sentent dans leur verre de champagne, qu'ils me respirent dans leur bouillon de bœuf et dans les femmes qu'ils montent. Mais pour rester, il me faut une excuse, un prétexte, des papiers : Je, soussigné docteur... certifie que le nommé Mallot Bayenda... Voilà !

MANISSA. – Ils vérifieront.

MALLOT. – Ils vérifieront quoi ? C'est le pays, oui ou non ? Personne n'a jamais eu le temps de rien vérifier. Et puis, où est le danger ? Ils m'enverront à un autre docteur. Je lui glisserai de petits sous et il trouvera la même chose. C'est le pays. Ils auront deux papiers à la figure. Ils la fermeront. Je veux qu'ils la ferment. J'écrirai à Perono pour lui dire que son jeu avait deux dames de cœur. *(Brusquement.)* Docteur, il faut me trouver un mal. N'importe lequel, là, dans mes côtes. Ils me mettront dans un de leurs bureaux, à un pas de mon home.

MANISSA. – Vous n'êtes pas malade.

MALLOT. – Si, je souffre.

MANISSA. – De quoi ?

MALLOT. – De moi. *(Un temps.)* Prenez vos engins. Creusez, bêchez, fouillez. Il est là-dedans. Il ne parle pas, mon mal. Il se tait. Ah ! Il me ronge. Il me terrassera. Ah ! Que ça beugle là-dedans !

MANISSA, *amusé.* – Mais oui, j'ai trouvé.

MALLOT. – Ah ! docteur !

MANISSA. – Oui.
(Il manipule son cardiographe puis son stéthoscope.)
Oui, vous êtes malade.

MALLOT, *inquiet.* – Très malade ?

MANISSA. – Oui, très malade. Vous êtes FOU.

MALLOT. – Vous... vous mentez. Je ne suis pas fou. Je suis enseignant, instituteur. *(Un temps.)* J'allais me fâcher pour de bon. *(Rire du docteur.)* J'allais me fâcher pour de vrai. Vous ne comprenez donc pas mon drame, docteur ?

MANISSA. – Si.

MALLOT. – Et ça vous fait rigoler ?

MANISSA. – Je n'ai pas le sens du drame.

MALLOT. – Vous avez raison ; dans ce pays, personne n'a le sens du drame.

MANISSA. – Il est l'heure. Je vais fermer.

MALLOT. – Cousin !

MANISSA. – Je ne suis pas votre cousin.

MALLOT. – Docteur !

MANISSA. – Je ne suis pas votre docteur.

MALLOT. *(Il barre la route au docteur qui s'est levé.)* – Monsieur !

MANISSA. – Voulez-vous que j'appelle la police ?

MALLOT. – C'est de la lâcheté.

MANISSA. – La quoi ?

MALLOT. – La lâcheté.

MANISSA. – Laissez-moi passer.

MALLOT. – Le papier d'abord.

MANISSA. – Je vais me fâcher.

MALLOT. – Tout le monde peut se fâcher après tout... C'est le pays.

MANISSA. – Vous avez dépassé la frontière.

MALLOT, *suppliant*. – Il faut me comprendre, docteur. Vous n'avez pas le droit de fermer la porte à la réalité du pays : je suis la réalité de ce pays.

MANISSA. – Bon ! Repassez demain.

MALLOT. – J'ai votre parole ?

MANISSA. – Vous l'avez.

MALLOT. – Votre parole d'homme ?

MANISSA. – Ma parole d'homme.

MALLOT. – Vous ne la trahirez pas ?

MANISSA. − Je ne la trahirai pas.

(*Mallot s'écarte. Le docteur ouvre la porte. Des malades veulent entrer mais le docteur tire Mallot dehors et s'en va.*)

MALLOT. − À demain, docteur... (*Silence.*) À demain...

(*Pleurs dans le couloir. On pousse un mort.*)

Scène 2

Même couloir d'hôpital. Même salle d'attente. Mallot fait les cent pas et surveille sa montre.
Affiche fraîche :
« Le docteur ne reçoit que sur rendez-vous. »

L'ASSISTANTE. *(Elle sort de chez le docteur.)* – Encore vous ?

MALLOT. – Le docteur m'a dit de repasser.

L'ASSISTANTE. – À moi il a dit de vous chasser.

MALLOT. – Je compte ce qu'il m'a dit à moi-même.

L'ASSISTANTE. – De quoi souffrez-vous au juste ?

MALLOT. – Oh, mademoiselle, je souffre de moi.

L'ASSISTANTE. – De quoi ?

MALLOT, *il crie.* – De moi.

L'ASSISTANTE. – Ah !

MALLOT. – Ah !

L'ASSISTANTE. – Entrez donc que le docteur vous chasse lui-même. *(Un temps.)* Êtes-vous vraiment son cousin ?

MALLOT. – Oh, madame ! Je suis le cousin officiel de tout le monde. Parce que je m'appelle désespoir.

L'ASSISTANTE. – Entrez donc.
   (Il entre.)

MALLOT. – Bonsoir, docteur.
(Le docteur écrit toujours et ne lève pas les yeux.)
Bonsoir...

MANISSA. – Asseyez-vous.

MALLOT. *(Il s'assied.)* – Ah ! *(Le docteur écrit toujours.)* Hoo !

MANISSA. – J'ai appelé la police.

MALLOT. – La quoi ?

MANISSA. – La police.

MALLOT. – Elle viendra.

MANISSA. – Bien sûr.

MALLOT. – C'est stupide.

MANISSA. – Elle vous arrêtera.

MALLOT. – Qu'est-ce que j'ai fait ?

MANISSA. – Vous m'empêchez de travailler. *(Silence.)*

MALLOT, *tragique.* – Docteur.

MANISSA. – Hein ?

MALLOT. – Pourquoi êtes-vous docteur ?

MANISSA. – Pas pour soigner les cas de saligauds quand même.

MALLOT. – Je ne suis pas un cas de saligaud.
(Le docteur lève les yeux.)
Non, docteur, vous vous trompez sur mon compte. Je suis malade, très malade.

MANISSA. – Pour ça, oui.

MALLOT. – Je souffre d'un saligaud. Une espèce de tumeur qui s'appelle Perono et sa clique...

MANISSA, *amusé*. – Vous souffrez d'une clique ?

MALLOT. – Exactement. Et vous pouvez me soigner. *(Un temps.)* Vous ne me comprenez pas ?

MANISSA, *joueur*. – Si. Vous m'enfoncez une grosse pointure de tuberculose dans les nerfs. Et si je ne me fâche pas pour de vrai, c'est simplement parce que je vous trouve quelque peu scénique.

MALLOT, *furieux*. – Scénique ! Docteur, ne me donnez pas envie de vous sauter à la figure.

MANISSA. – Essayez donc pour voir.
(Mallot se prépare à bondir au bout d'un cri. Le cri part sans le geste. Rire du docteur.)

MALLOT. – Ne riez pas. Je ne suis pas encore mûr. Il faut peut-être attendre. Attendre que je mûrisse. *(Un temps.)*
Ah ! Que ma viande est simple au bord de ma solitude. Non, docteur, vous ne pouvez pas me voir. Parce que vous avez des yeux fragiles. *(Un temps.)*
Vous vous contentez de m'estimer scénique. Mais qui n'est pas scénique dans ce pays ? Qui ? Perono ? Vous ? Les autres ? Vous êtes une pauvre chambre à merde. Et de tous ces hommes qui

sillonnent votre cabinet, en avez-vous seulement rencontré un seul ? Non. Vous leur fulminez des anti-ceci et des anti-cela. Mais après ? Vous les renvoyez. Ils crèvent ou bien ils vivent. Au fond, vous êtes une sorte de cancre calibre douze. Vous...

MANISSA. – Sortez !

MALLOT. – Jamais.

MANISSA. – Sortez !

MALLOT. – J'attends le papier.

MANISSA. – Est-ce que vous avez regardé ce que vous me demandez ? Vous me priez d'être ce petit imbécile corrompu qui passe son temps à défoncer les lois. C'est facile, n'est-ce pas ? C'est le pays. Mais moi, le pays je le mets à mes dimensions. J'ai ma pointure du Lebango. Le pays, je l'oblige à passer par moi. Après il va où il veut, faire la putain. Mais seulement après.

MALLOT. – Figurez-vous que moi j'ai été déviergé, transgressé avec des lois. Ils m'ont saccagé. *(Un temps.)*
J'ai une femme et deux diables. Pourquoi est-ce que je ne penserais pas tranquillement à eux ? *(Un temps.)*
Je me bats. Je ne me suis pas trompé de lutte. J'ai été vendu à dix millions de cailloux. Et qui a encaissé ? Judas ? Non, même pas. Une punaise qui se cache là-bas au large du pouvoir et qui parle à mon nom. Qui me tue à mon nom. Je ne suis pas le Christ, moi. Je ne sais pas pardonner. Là-haut, dans les bureaux du ministère, quelqu'un a acheté ma vie. Il faut que je la récupère. On me mettra là-bas même planton. Même portier. Mais au moins qu'on me mette là-bas, à deux pas de mon home. Détaché, vous comprenez ? Je veux être détaché de l'enseignement actif pour savoir qui a bu l'argent de Perono. Évidemment, vous ne pouvez pas comprendre.

Vous fonctionnez comme les autres. Vous êtes tous faux. Vous trichez. Moi, je suis là, vrai. Je suis l'élite du Lebango. Des fois que vous auriez pitié de moi. Je n'accepte pas la pitié des chiens. Je fonctionne avec de l'orgueil. Vous, docteur, vous fonctionnez avec de la lâcheté, comme tout le Lebango. Vous fonctionnez avec de l'opprobre.

MANISSA. – Écoutez...

MALLOT. – Je n'écoute pas les chiens.

MANISSA. – Bon, filez !

MALLOT. – Zut !

MANISSA. – Filez.

MALLOT. – Oui, je me prépare au décollage.

MANISSA. – C'est si compliqué ?

MALLOT. – Donc ? *(Un temps.)* Docteur.

MANISSA. – Ouais ?

MALLOT. – Est-ce que vous croyez sincèrement que je suis f...

MANISSA. – Malheureusement.

MALLOT. – Vous vous trompez. Je suis le pays, ce pays, le Lebango.

MANISSA. – Qu'est-ce que ça peut me foutre ?

MALLOT. − *(Il hausse les épaules.)* Ah ! Si j'en avais au moins un − un seul qui me ressemble !

MANISSA, *amusé.* − Vos deux diables ne vous ressemblent pas ?

MALLOT. − Vous avez déjà vu, vous, une fille qui ressemble à son père ? *(Un temps.)* Docteur.

MANISSA. − Ouais ?

MALLOT. − Faisons la paix, voulez-vous ?

MANISSA. − On n'a pas fait la guerre.

MALLOT. − Si. Vous me refusez le papier.

MANISSA. − Ça n'est pas la guerre.

MALLOT. − C'est quoi ?

MANISSA. − Si vous étiez malade, je vous aurais fait le papier.

MALLOT. − Il ne servirait pas comme maintenant.

MANISSA. − Je vous l'aurais donné.

MALLOT. − Je le sais. Je ne me foutrai quand même pas malade pour... Je veux un papier comme on en immerge ce pays : Je soussigné docteur patati, patata... certifie que le nommé Mallot Bayenda patati patata... a été hospitalisé dans mon service pour... Je ne sais pas, moi − insuffisance cardio-pulmonaire. *(Rire du docteur.)* Un contrôle radio-biologique bimensuel est exigé... Voilà, comme cela, ils me mettent dans les bureaux du ministère. Je veux savoir qui m'a vendu à Perono.

MANISSA. – Et quand vous le saurez ?

MALLOT. – Ben ! Je le saurai. Et je lui foutrai une belle dose de crachat dans les nerfs. Il en mourra. Je suis sûr qu'il en mourra. Comme d'un venin.

MANISSA, *touché.* – À part tes diables et ta femme, qui as-tu ?

MALLOT. – Mon père. Un mort qui vit de moi. Une ancienne carcasse de planteur d'ignames. Vous ne pouvez pas comprendre, docteur. Il se mettait à genoux pour supplier les gros messieurs d'Hozana de lui acheter ses queues de persil. Parce qu'il fallait bien qu'on mange, nous. Ma mère, ma sœur et moi. J'avais deux frères : Léon et Stani. Les aînés. Ils ont été mangés par un coup d'État. Mes parents ont organisé une veillée à la maison malgré les prohibitions. L'armée est passée. Rixes. Coups de feu. Oh ! Tout s'est tu maintenant. La honte. Les bruits. La méchanceté. Je suis le seul salaud de la famille qui aura pu gravir la société jusqu'au degré d'instituteur. Hélas, un soir, Perono a dit : à genoux. Moi qui ai trop vu mon père à genoux. J'ai craché. Il m'a vendu au système. Mais je suis orgueilleux. Je respire pour annuler Perono. Ordure, bien sûr. Mais ordure spéciale. Imprenable. Je suis la vraie taille, la vraie dimension de l'homme. Et je boxe, je me bats pour conserver mon titre de mammifère spécial. Je suis là-bas, au large de la dignité.

MANISSA. – Et vous êtes digne ?

MALLOT. – De moi, de ma viande, du bruit de mon cul. Je me soustrais à Perono et aux siens. Je me rembourse à moi, à mon odeur, à ma propre intensité.

MANISSA. – Je vous fais le papier.

MALLOT. – C'est vrai ?

MANISSA. – Tout de suite. Parce que vous me ressemblez un peu. Rappelez-moi votre nom ?

MALLOT. – Bayenda Mallot.

MANISSA. – *(Il va à sa machine à écrire et se met à l'œuvre en lisant tout haut.)*

JE, SOUSSIGNÉ DOCTEUR A. MANISSA, MÉDECIN-CHEF DES SERVICES DE PHTISIE À L'HÔPITAL D'HOZANA, CERTIFIE QUE LE NOMMÉ MAL-LOT BAYENDA A ÉTÉ HOSPITALISÉ DANS MON ÉTABLISSEMENT DU 15/9/1960, AU 26/10/1960, À LA SUITE D'UN INFILTRAT HOMOGÈNE DU CHAMP DROIT D'ÉTIOLOGIE INDÉTERMINÉE. UN CONTRÔLE RADIO-LOGIQUE ET BIOLOGIQUE EST BIMESTRIELLEMENT EXIGÉ.

EN FOI DE QUOI LE PRÉSENT CERTIFICAT LUI EST DÉLIVRÉ POUR SERVIR ET VALOIR CE QUE DE DROIT.

(Il signe et met le cachet. Lui tendant la pièce.)
Ça va comme cela ?

MALLOT. – Merci, docteur.

MANISSA. – Vous êtes guéri maintenant ?

MALLOT. – Oui, docteur. Au revoir.

MANISSA. – Adieu.
(Il sort joyeux.)

L'Assistante. – Terminé ?

Mallot. – Oui, mademoiselle. Le docteur a fini par comprendre. Il m'a soigné.

(Il s'engage dans le couloir où l'on pousse un mort.)

RIDEAU

Tableau IV

Scène 1

Bureau du ministère. Couloir. Salle d'attente. Mallot attend avec cinq autres.
Il frotte ses yeux aux inscriptions : « Monsieur le Directeur ne reçoit que le
mardi et exclusivement sur rendez-vous. »
La pendule marque onze heures. Va-et-vient des employés.
La secrétaire particulière du directeur apparaît.

LA SECRÉTAIRE. – Désolée, Messieurs. Le Directeur est appelé. Il ne reçoit pas aujourd'hui. Revenez mardi.

MALLOT. – C'est pour tout le monde, cette réponse ?

LA SECRÉTAIRE, *étonnée.* – Mais bien sûr, monsieur.

MALLOT. – Trois mois. Figurez-vous que cela fait trois mois que vous me flanquez cette réponse.

LA SECRÉTAIRE, *coquette.* – Je n'invente pas, monsieur. Ce sont les ordres de Monsieur le Directeur.

MALLOT. – Certainement. Dans ce pays on n'invente pas.

LA SECRÉTAIRE, *s'approche.* – Je suis particulièrement désolée quand un charmant monsieur s'en prend à moi pour une faute de Son Excellence.

MALLOT, à *lui-même.* – Trois mois. C'est inimaginable. *(Silence.)* Ce n'est pas le temps de Son Excellence, celui-là, c'est mon temps.

LA SECRÉTAIRE, *désignant les fauteuils vides.* – Les autres ont compris. Vous, monsieur...

MALLOT. – Ils n'ont pas compris. Ils vont aller beugler chez eux, à côté de leurs femmes. Moi je vous beugle là, en face. Comme cela, un jour, tout change.

LA SECRÉTAIRE. – Ne rugissez donc pas comme ça. Vous risquez...

MALLOT, *gueule.* – Trois mois.

LA SECRÉTAIRE. – Oui, oui, mais doucement.

MALLOT. – On a parfois des problèmes qui refusent d'attendre trois mois.

LA SECRÉTAIRE. – Calmez-vous, voyons, monsieur.

MALLOT. – Oui, oui, je vais me calmer. Vous n'avez qu'à attendre un peu. Ça vient de très profondément là-dedans. Ça se réveille. Ça ébranle mon vieux sang de planteur d'ignames. *(Un temps.)*
Si j'étais grand-chose, hein, mademoiselle. Vous croyez vraiment qu'ils m'auraient laissé poireauter pendant trois mois ? Non, mais je suis leur chose. Leur objet. Ils me marchent dedans sans tenir compte de rien. Un peu de poussière au fond du système. Personne ne m'a compté, moi. Personne. Tout le monde me saute. Je suis seul. Seul dans cet océan de merde et de lâcheté. Seul pour seul. Noyé. Perdu. Fini. Raturé. Mâché.

LA SECRÉTAIRE, *bêtement.* – Je suis avec vous, monsieur.

MALLOT. – Qui ? Vous ? Avec moi ?

LA SECRÉTAIRE. – Avec vous.

MALLOT, *tragique.* – Je vous fais rigoler, n'est-ce pas ?

LA Secrétaire. – Vous... Vous souffrez ?

MALLOT. – Oui. Je ne fais que cela.

LA Secrétaire, *sincère*. – Je peux vous aider ?

MALLOT. – Personne ne peut m'aider. J'ai échappé à moi-même. Je me donne la chasse. Je me traque. Je m'attends partout. Je me dis : « Il va passer par là. » Mais « il », c'est moi.

LA Secrétaire. – Le directeur m'écoute particulièrement et, si je lui dis que vous êtes mon cousin, il vous recevra même chez lui.

MALLOT. – Non, merci. Vous ne pouvez pas soulever un cousin de mon calibre.

LA Secrétaire. – Je suis peut-être votre seule chance de voir le patron. Vous connaissez le pays, j'imagine ? Il faut toujours passer par une jolie cousine pour arriver quelque part là-haut. *(Un temps.)* Comment vous appelez-vous déjà ?

MALLOT. – Mallot Bayenda.

LA Secrétaire. – Vous acceptez mon aide ?

MALLOT. – Je ne supporte pas qu'on se prostitue pour moi.

LA Secrétaire, *indignée*. – Qui vous a dit qu'on se prostituera ?

MALLOT. – Le pays. Le Lebango. Je le connais. C'est le plus grand consommateur mondial des putains. Nous sommes à Hozana, oui ou non ? Hozana, c'est la capitale mondiale de la lâcheté.

LA Secrétaire, *douloureuse*. – C'est notre pays.

MALLOT. – À tous, malheureusement.

LA SECRÉTAIRE. – Faut pas le traiter comme une femme.

MALLOT. – Nous l'avons donné aux femmes en échange de leurs reins marécageux. Le mouvement. Du mouvement pour le mouvement. Et qu'est-ce qu'on engendre, hein ? Du vide. *(Il hurle.)* Nous sommes devenus les plus grands producteurs mondiaux de vide. Nous nous sommes trompés de combat. Nous nous sommes trompés d'indépendance. Puissamment trompés. *(La porte du directeur s'ouvre. Un monsieur grossièrement ventru fait son apparition.)*

BELA ÉBARA. – Qui est cet homme ?

LA SECRÉTAIRE. – Monsieur le directeur... Il veut vous voir.

BELA ÉBARA, à *Mallot.* – C'est vous qui beuglez comme un fou ?

MALLOT. – Je ne suis pas fou, monsieur le directeur. Je suis le seul Lebangolais qui reste dans ce pays.

BELA ÉBARA, *riant.* – Et où sont partis tous les autres, s'il vous plaît ?

MALLOT, *lyrique.* – Emportés, oui, tous. Par la cataracte des whiskies et la tempête satanique des champagnes. Emportés. Par la valse impétueuse des cailloux CFA.

BELA ÉBARA. – Filez, s'il vous plaît, avant que je n'appelle la police.

MALLOT. – Je venais vous parler.

BELA ÉBARA. – Vous m'avez parlé.

MALLOT. – Mon nom est Mallot Bayenda. J'ai un problème.

BELA ÉBARA. *(Il lui montre l'affiche.)* – Tout le monde a un problème.

LA SECRÉTAIRE, *timidement.* – C'est mon cousin, monsieur le directeur.

BELA ÉBARA, *souriant.* – Ah !
(Il tend la main à Mallot.)
Que ne le disiez-vous ? *(Un temps.)* C'est long, votre problème ?

MALLOT. – Très long.

BELA ÉBARA. – Dans ce cas, passez chez moi ce soir à vingt heures.
(À sa secrétaire.) Vous voulez bien le conduire à la villa Sabouenza ?

LA SECRÉTAIRE. – Oui, monsieur le directeur.

MALLOT. – Je n'irai pas chez vous.

BELA ÉBARA. – Il est pimenté, votre cousin ?

MALLOT. – Je ne suis pas son cousin.

BELA ÉBARA, *gentil.* – Mon fils. *(Un temps.)* Mon enfant. Il faut réviser votre ton. Vous parlez tout de même au Directeur général de l'enseignement en République populaire du Lebango. *(Silence de Mallot.)*
Vous êtes jeune. Très jeune. À quoi ça vous servirait d'aller moisir en prison ? Elles sont pleines, nos prisons, des gens qui, comme vous, exactement comme vous, ont essayé de fabriquer un Lebango portatif. Hein, mon enfant ? *(Silence de Mallot.)*
Qu'est-ce que vous voulez me dire au juste ?
(Mallot lui tend une enveloppe.)
Qu'est-ce que c'est que ça ?

MALLOT. – Une demande, avec des papiers du médecin.

BELA ÉBARA. – Simplement ? *(Silence de Mallot.)* Que demandez-vous ?

MALLOT. – Être détaché de l'enseignement actif à cause de ma santé.

BELA ÉBARA. – De quoi souffrez-vous ?

MALLOT. – Du cœur et des poumons.

BELA ÉBARA. – Du cœur et des poumons. À vous entendre vrombir on croirait que vous avez vingt cœurs et cinquante poumons. *(Un temps.)*
Repassez mardi.
(Il va chercher son sac et sort.)

LA SECRÉTAIRE. – Vous habitez loin ?

MALLOT. – Très.

LA SECRÉTAIRE. – Vous rentrez comment ?

MALLOT. – À pied.

LA SECRÉTAIRE. – J'ai une voiture. Je peux vous raccompagner. C'est quel quartier ?

MALLOT. – Je ne veux pas vous offenser, mais je suis mieux quand je marche. Le bruit de mes pas, ça me recharge. Ça me remet là. J'en raffole.

LA SECRÉTAIRE, *hésitante.* – Parce que vous n'avez besoin que de vous ?

MALLOT. *(Il la regarde.)* – Ah ! *(Un temps.)* J'ai besoin de tout le monde. Tous les hommes. Que ça me vrombisse là-dedans. Que ça beugle. Parce que j'ai peur. Très peur.

LA SECRÉTAIRE. — De quoi ?

MALLOT. — Du silence. Du néant. Vous connaissez le néant ?

LA SECRÉTAIRE. — Connais pas.

MALLOT. — Alors, vous ne connaissez rien, hein ? Vous n'avez tout de même pas ce bonheur-là. Vous...

LA SECRÉTAIRE. — Je connais une chose.

MALLOT. — Quoi ?

LA SECRÉTAIRE. — Moi. Ma chaleur. Mon odeur. Et le froissement de mon corps de femme. Je fleuris lentement au centre de mon éblouissement.

MALLOT. — Éblouissement... Éblouis...

LA SECRÉTAIRE. — Vous m'aimez ?

MALLOT. — Après mon père et Perono, vous êtes la troisième personne qui descende jusqu'à moi. La troisième. Vous me séduisez. Voulez-vous ? Ramenez-moi chez moi.

LA SECRÉTAIRE. — *(Ils descendent.)* On m'appelle Hortense.

MALLOT. — Ça n'a pas d'importance.

HORTENSE. — Non ?

MALLOT. — Je suis une absence. Mon absence. Qu'est-ce que vous pouvez attendre d'une absence ? *(Un temps.)* Vous croyez que c'est des idées, n'est-ce pas ? *(Silence d'Hortense.)* Eh bien, non. C'est pas

128

des idées. C'est moi. Tout moi. Là-haut, dans vos bureaux, quelqu'un a bouffé de l'argent piégé. Je le cherche. Il faut que je le trouve. Il m'a vendu à Perono.

HORTENSE. – Perono ? Ce nom me dit quelque chose. *(Elle réfléchit.)* Un Espagnol ?

MALLOT. – Oui.

HORTENSE. – Vous ne pouvez pas laisser tomber ?

MALLOT. – On ne peut pas se laisser tomber.

HORTENSE. – Quel pays ! Avant l'indépendance ça sentait le Blanc. Aujourd'hui, ça sent encore. Le Noir. Dans tous les bureaux. Les autres nous jouaient avec la peau seulement. Aujourd'hui, les « nôtres » nous jouent avec le cœur. Ils nous maltraitent comme avec notre permission. C'est plus dur.
(Un temps.)
Vous avez vu le directeur ? Un véritable poids lourd. Mais pour avoir le boulot et la voiture fallait bien en passer par là. *(Un temps.)* Je le déteste. Mais surtout, je me déteste. Je suis devenue très amère à moi-même. Oh, si vous saviez combien. Tous ces baisers puants qui vous éparpillent la peau ! Tous ces gestes louches ! Cette odeur de salive ! Ces mouvements crasseux ! Quand je sors de ses mains, je me lave fortement – je frotte, je rince, je gratte. Mais les nerfs. C'est têtu les nerfs. Je n'arrive pas à remonter ma chair jusqu'à moi. Refaire surface jusqu'à moi. Par degrés, lentement, je sombre dans l'odeur du vin et du tabac. Et quand je fais la somme de ma viande – toujours – même résultat : manquant. Déficit. J'essaie de tout combler avec mes villas, mes voitures, mes affaires et le cigare. Mais toujours « manquant ». Et le drame : toujours personne en face. Vous apprenez à laisser la vie. Personne en face. Même pas son ombre. *(Un temps.)*

Mais vous, c'est différent. Vous êtes l'envers du Lebango. Vous êtes là, seul peut-être, mais présent, conservé sans doute, mais plein. Et le bruit que vous faites, ça colle. Ça reste longtemps dans les oreilles. Le bruit de vos pas rime avec celui de vos poumons. À moi, ça me dit : « Putain, putain, putain ! » Où que j'aille. Quoi que je fasse. C'est têtu, voyez-vous ? *(Un temps.)*
Oh, je n'ai pas besoin de vertu, moi. C'est enfantin la vertu. Mais j'ai besoin de moi. Je suis crasseusement orgueilleuse. Si bien que ça m'embête de passer par les autres pour arriver à moi. *(Un temps.)*
Vous êtes marié ?

MALLOT. — Oui.

HORTENSE. — Des enfants ?

MALLOT. — Deux fillettes.
(Ils continuent la descente puis Hortense s'arrête brusquement.)

HORTENSE. — Vous êtes vertueux ? *(Silence de Mallot.)*
Je veux passer le week-end avec vous dans ma villa. D'accord ?
(Silence de Mallot.)
Vous savez ? À une certaine altitude de la viande, le péché crève, les fautes meurent. Vous viendrez ?

MALLOT. — Je refuse.

HORTENSE. — Comment ?

MALLOT. — Je refuse.

HORTENSE. — Je parie que vous êtes vertueux.

MALLOT. — Pas du tout. Mais je ne veux pas que ça fasse comme dans un film. *(Un temps.)*

Vous m'avez rendu un gros morceau de moi. Je ne veux pas que ça se casse.

HORTENSE. – Vous m'aimez.

MALLOT. – Oh ! Je ne sais pas... Non, je ne sais pas aimer.

HORTENSE. – Qu'est-ce que vous savez alors ?

MALLOT. – Posséder. Je suis venu au monde pour apprendre à posséder. Et c'est dommage : je n'ai rien eu. Tout m'a fui. Et je cours après.

HORTENSE. – Tout ?

MALLOT. – Tout.

HORTENSE, *riant.* – Vous ne voulez pas me posséder ?

MALLOT. – Pour quoi faire ?

HORTENSE. – Je ne sais pas, moi... Comme ça. Pour posséder. On m'a toujours persuadée que j'étais délicieuse.

MALLOT. – Descendons vite.

HORTENSE. – Je vous perds le temps, n'est-ce pas ? *(Silence de Mallot.)* Il faut crasseusement monter jusqu'à soi pour rencontrer quelqu'un. Le chemin est long, pénible, tuant.

MALLOT. – Je suis heureux. Vous m'avez permis de me repousser. Mais pour combien de temps ? Je remonte. J'afflue de partout. J'émerge de tous côtés. Je me donne l'assaut, j'arrive, je viens. Déluge, oh, déluge de moi sur moi. Ah, si seulement j'avais quelque chose de sûr qui me serve de moi !

HORTENSE, *brusquement.* – Perono ! J'ai trouvé : c'est un vieux morceau de cuir espagnol qui vient souvent à la villa de monsieur le directeur. Soixante ans au moins. Gros, les joues bien assises ; front ridé avec une déclaration de calvitie au sommet de l'occiput. Vous me disiez qu'il vous a ?...

MALLOT. – Ramenez-moi chez moi.

RIDEAU

Scène 2

Le mardi. Même salle d'attente. La pendule marque onze heures trente.
Hortense sourit vainement à Mallot qui, funèbre, ne semble pas la recon-
naître. À midi moins cinq, la porte du directeur s'ouvre.

BELA ÉBARA. – Faites entrer monsieur Bayenda.
(Entre Mallot.)
Refermez à clef, s'il vous plaît. Ces derniers temps, nous sommes
trop emmerdés.
(Mallot referme.)
Asseyez-vous.
(Il obéit.)
Bon ! Monsieur Bayenda, j'ai lu votre demande. *(Un temps.)* Et les
raisons que vous évoquez pour votre détachement seraient, oui, je
dis bien, seraient valables si le papier qui les accompagne n'était
pas faux.

MALLOT. – Il est faux, le papier ?

BELA ÉBARA. – Certainement. *(Un temps.)* Dites donc, monsieur
Bayenda ? Vous avez cru que nous avalons les déclarations médi-
cales comme vous avalez un verre de bière ? Vous l'avez cru ?

MALLOT. – Ce papier est vrai, monsieur le directeur.

ÉBARA. – Alors, c'est vous qui êtes faux ou quoi ?

MALLOT, *sincère.* – Je ne sais pas.

ÉBARA. – Écoutez, mon enfant. Je connais le refrain. On va voir un
docteur, le premier qui vous tombe sous les yeux – on lui casque
quinze mille francs. Et l'affaire est réglée. Hein ? C'est déjà le
Lebango. Mais votre papier à vous est plus bête. Oui, plus bête.
Qui vous l'a donné ? L'avez-vous lu ? *(Silence de Mallot.)*

133

Hein ? *(Il lit.)*
Je, soussigné patati, patata... certifie patati, patata... *(Un temps.)*
Et puis en bas une espèce de gri-gri avec un sceau mis à l'envers.
(Il inverse le papier pour lire le sceau rectangulaire inversé.)
Docteur A. Ma... ma quoi ? Ma... Manissa. *(Un temps.)*
Regardez vous-même. Un petit trucage de cochons. Et vous êtes
monté en quatrième vitesse pour me dire : « Monsieur le direc-
teur, je souffre du cœur et des poumons. » Eh bien, j'ai entendu.

MALLOT. – Monsieur le directeur...

ÉBARA. – C'est honteux.

MALLOT. – Monsieur le...

ÉBARA. – Oui, honteux. Vous trahissez la révolution. Vous trahissez
l'Afrique. Vous trahissez l'humanité. *(Un temps.)* Comment donc !
(Il se calme.)
Eh bien, je vais vous faire envoyer au fin fond du Lebango. Là-
bas, vous souffrirez tranquillement de tout.

MALLOT. – Monsieur...

ÉBARA. – C'est honteux !

MALLOT. – Est-ce que vous pouvez comprendre un homme ?

ÉBARA. – C'est quoi, un homme ?

MALLOT. – Moi.

ÉBARA. – Beuh ! Vous croyez vraiment que vous êtes un homme ?

MALLOT. – Oui. J'ai vu tout le monde dans ce pays. Vous m'entendez ?

134

Tout le monde. Et tout le monde jusqu'à ce papier m'envoyait à vous. Parce que vous devez connaître un monsieur au crâne nu appelé Perono... *(Silence d'Ébara.)*
Vous le connaissez, n'est-ce pas ? *(Silence d'Ébara.)*
Et son argent ? *(Silence d'Ébara.)*
Eh bien ! Je vais me mettre au monde, là, devant vous. Je vais accoucher de moi. Vous alliez m'annuler d'un non-lieu. Vous alliez m'effacer d'un gros trait au centre de la chair. Vous m'avez bouché avec du papier, des bureaux, et des heures d'attente. Vous avez essayé de me gommer avec votre odeur immonde de directeur de caca...

ÉBARA. – Filez, ou j'appelle la police.

MALLOT. – Je ne partirai pas. Je suis venu vous tuer. Comme ça. Pour rien. Pour me mettre au monde. Il faut bien que j'arrive à exister, comprenez-vous ? J'en ai marre d'être du néant. La chose. L'instrument. Marre ! marre ! marre !

ÉBARA. – Mais, voyez-vous...

MALLOT. – Regardez ! Perono et vous bougez là, dans mon ventre, dans ma tête aussi. Vous m'étouffez, vous me mettez à l'étroit. Vous voulez m'abroger. Mais j'arrive. Je me re-crée, je me recommence. Je suis. Un moment. Un jour. Ou une minute. Ça n'a plus d'importance. Pourvu que je me sente là ! Que je m'entende être. Et pour cela, il faut que je vous tue. Je tire un grand trait sur vous.
(Un temps.)
Vous avez peur, n'est-ce pas ? Eh bien, votre peur, c'est la première douleur, la première manifestation de ce moment fatal qui doit m'amener au monde. Je gonfle. Je bouge. Je monte. J'arrive. Je viens. Et vous m'attendez. Comme une mère. Exactement comme ma mère, moins le vagin. Vous vous inquiétez : « Qu'est-ce que je vais fabriquer, mon Dieu, une fille ou un garçon ? » Et je réponds :

« Garçon. » Parce que les filles, ça vous amène des puces à la maison.

(Il s'approche.)

ÉBARA. – Ne me tuez pas.

MALLOT. – Non ? Et pourquoi donc ? Pour vous faire plaisir, n'est-ce pas ? Oh ! Vous ne voulez pas que j'existe un peu ? Vous ne savez donc pas qui vous êtes pour moi ? Le vagin. Et le chemin. Il faut que je vous traverse. Là. *(Il lui crache à la figure.)*
Oui, le papier est faux. Je l'ai demandé au docteur parce que j'en avais besoin. Tellement besoin qu'il était devenu vrai pour moi. Dites maintenant que c'est honteux. Vous qui avez croqué les sous de Perono. Dites-le. *(Silence d'Ébara.)*
Ordure, vous allez tout cracher et tout de suite. Vous m'avez vendu à dix cailloux. Pour acheter des femmes, des vins et des villas. Moi, pour me venger, je vais éparpiller votre sang de bâtard de Satan. J'en saurai la chaleur et l'odeur. J'en saurai le goût. Vous tremblez ? Allons donc, monsieur le directeur. Vous ne saviez donc pas que vous deviez mourir ? Écoutez. Je vais naître. Je suis né.
(Il lui crache à la figure.)
Je l'ai déjà dit à Perono : la salive, c'est le milliard du simple.
(Il crache.)
Là ! Je vous éparpille, je vous disperse, tendrement. Et c'est vous, oui, seulement, qui m'avez fabriqué. Vous êtes le père du monstre que je suis. *(Un temps.)*
Attendez ! Je reviens à moi. J'arrive. Je viens. Je ne peux pas tuer une ordure de votre « crassiosité ». Votre vie, je vous la jette comme un os de chien à un chien. Comme cela je suis crasseux d'une viande impeccable. Comme cela je reste imprenable. Imprenable. L'imprenable imprenable. Est-ce que seulement vous comprenez ce mot ? Je pèse des tonnes, des mondes, des univers. Je le soulève. Je vous le jette sur la tête. Là ! *(Il lui crache à la figure.)*
Il vous écrase tout comme ma salive vous dissout. Il vous défonce.

Là ! Imprenable ! Oui. Regardez-moi. Vous êtes l'ordure, le machin, le bidule et moi l'homme. L'Homme aller et retour : je vous ensoleille de ma salive. Là ! Je vous éclaire. Je vous désarçonne à plein tarif. Ordure ! Je t'ai tué vivant.
(Il lui trace une croix au front avec le marqueur.)
Là ! Je t'annule. Je te rature. Je te griffonne. Je mets des traits dans ta viande de civette. *(Un temps.)*
Tu souhaiterais qu'on aille là-bas dehors, chez la justice, hein ? Suis pas ton cul, dis donc. Au Palais de Justice, tu aurais raison. Parce que tu as la loi, Perono et les autres. Tu as la flicaille et la paperasse. *(Il déforme la voix.)*
La cour après en avoir délibéré conformément à la loi... Et tu gagnes. Là-bas, dehors, tu es le maître, tu es tout. Tu peux tout fabriquer dans un verre de champagne : la loi, les rues, l'opinion, l'être et le néant. Mais ici au face à face... Ici, au pied du mur, je suis la loi. Je gagne. *(Il le gifle.)* Tu vois ? Je te marque des points. À volonté. *(Il le gifle.)*
Là ! *(Il lui tire les oreilles.)*
Je drille, je temporise. Tu vois ? *(Il lui tire le nez.)*
Et si je voulais vous éliminer physiquement... Mais ça n'a plus d'importance. Écoutez ! *(Ils écoutent.)*
Non. On ne vient pas. Personne ne viendra. Et si tu cries...
(Mallot crie.)
À moi ! À moi ! À moi ! *(Silence.)*

Tu vois, on ne vient pas. C'est plus de midi. Tout le monde est allé manger. *(Il crâne.)*
Partis ! Et comme ils sont toujours en retard au boulot, je compte trois heures pour te rôtir. Tu seras cuit à point. Puis, après en avoir délibéré, conformément à mon odeur, je t'ouvre la gorge...
(Il lui crache à la figure.)
Ne me donne pas cette envie de te tuer. On ne tue pas les excréments. *(Il desserre sa ceinture et se met à le fouetter.)*
Penalty ! Perono et toi m'aviez fauché dans le rectangle. *(Il crache.)*

La salive, c'est la force du simple. J'invente, oui, moi, le culte du crachat. *(Un temps.)*

Je pourrais vous pousser là par la fenêtre et rentrer paisiblement chez moi. Personne ne me reprocherait rien. Mais je ne suis pas un criminel. *(Un temps.)*

Demain la radio nationale dirait que vous avez eu des vertiges ou que vous vous êtes suicidé. Elle ment souvent la radio nationale. On vous offrirait des obsèques luxueuses. Et j'y serais, moi. En train de rigoler. Perono y serait. *(Un temps.)*

Dites ! Qu'est-ce que vous avez acheté avec l'argent ?

(Silence de l'autre.)

Hein ? Vous êtes l'impérialisme, le colonialisme, le sous-développement.

(Il fait le tour complet d'Ébara à qui il lance un grand mot à chaque fois qu'ils sont face à face.)

Satan ! *(Tour complet.)*

Ordure ! *(Tour.)*

Et je me demande si, pour réussir un montage comme toi, ton père n'a pas forniqué avec sa grand-mère. *(Tour complet.)*

Monstre ! Neveu de Lucifer.

(Il lui met un doigt dans la bouche.)

Mordez donc, mais mordez, charognard ! *(Un temps.)*

Vous ne voulez pas ? Vous attendez le dos, n'est-ce pas ? Eh bien, je m'en vais, je vous tourne le dos. Vous frapperez dans le dos, c'est le propre des ordures. Ah ! Je vais naître, je me fête, je suis né.

(Il ouvre et sort.)

HORTENSE *(qui le rencontre).* – Mallot !

MALLOT. – Fous le camp ! Tu es sa putain.

(Il descend nerveusement l'escalier puis, au beau milieu des marches, il s'arrête en tâtant sa tête.)

Est-ce que je suis encore là-dedans ?

(Il réfléchit longuement puis s'éloigne. Hortense le suit en l'interpellant.)

138

ÉBARA, *furieux.* – Sale ordure. Ordure des ordures. Je te ferai arrêter, fusiller, castrer. Je te ferai payer ta bâtardise, puante ordure. J'en trouverai une, mais oui que j'en trouverai une de raison. Je te ferai ronger un morceau de ta viande de putain. Intégralement, délicieusement, je te rembourserai ta morve et ton odeur de pipistrelle. *(Un temps.)*
Oui, Mallot, tu as trouvé : je suis le neveu de Lucifer. Et tu auras ma réponse. Tu m'as tué avec ta crânerie ; je t'abrogerai, oui, moi. Je redresserai la petite barre de fraction qui divise le simple par le puissant ; tu mourras de moi – toi et tous les tiens. Va, cours, mais le temps m'appartient. Aujourd'hui, demain ou après... Je t'écraserai, punaise. Il faut que par ce geste j'arrive à justifier le bruit de cette viande que tu viens de troubler. Il faut que j'arrive à rembourser, rembourser la honte devant moi-même, tu m'as déshonoré. Va, ordure, va. Je t'attends au bout de ce vide amer que tu as mis dans le fond de ma fierté. Je trouverai de quoi t'accuser.
(Il regarde par la fenêtre.)
Va.

Scène 3

Chez Mallot. Une petite maison de deux pièces. Mallot et Mwanda dorment enlacés.
Nelly est dans son petit lit au salon. Lahla est à côté d'elle.
On frappe. Silence. On frappe encore. Mallot se réveille et va ouvrir.

LE POLICIER. – Vous êtes Mallot Bayenda ?

MALLOT. – Oui.

LE DEUXIÈME POLICIER. – Vous n'avez pourtant pas une gueule de saligaud !

LE PREMIER POLICIER. – Mallot Bayenda... Je vous arrête au nom de la loi.

MALLOT. – Au nom de qui ?
(Silence des agents qui cherchent les mains pour les menottes.)
Ah ! Il a frappé ? Il a fini par frapper. De quoi m'accuse-t-il ?
(Pour toute réponse le policier lui assène un grand coup de crosse dans les reins. Mallot s'effondre.)

LE TROISIÈME POLICIER. – Salaud *(Portant un coup.)*
Je ne peux même pas avoir le temps de grimper ma femme à cause de vos histoires de... *(Il frappe.)*
Toi, tu es là, en train de casquer tranquillement ta jolie putain. *(Il frappe.)*
Moi, faut que je vous vigile dans le dos. Hier, coup d'État ; demain, coup d'État. *(Il frappe.)*
Traître ! Vendu ! Tu me merdes. *(Il frappe.)*
Tu me merdes.
(Ils frappent tous, lui arrachant les cheveux. Puis on le traîne jusqu'aux jeeps stationnées dans la rue. D'autres policiers furieux l'aspirent comme un bouchon. Pleurs et cris de Mwanda.)

RIDEAU

Scène 4

Dans la prison. C'est l'aube. La radio annonce.

LE SPEAKER. – La générosité et la sagesse de notre guide bien éclairé sont à tel point immenses qu'il a permis aux ignobles conjurés de rencontrer leurs familles avant l'exécution de la sentence prononcée hier à vingt-trois heures contre les quinze traîtres à la nation et au drapeau. Nous vous rappelons, frères et sœurs, que les quinze condamnés à qui le Guide avait offert de choisir entre la corde et le peloton ont tous choisi le peloton à l'exception de Mallot Bayenda qui, lui, a préféré la corde. Vous écoutez Hozana, la voix du Lebango.
(Musique.)

MALLOT. – *(Il se réveille en sursaut.)* Non. Tous les mots sont morts. Et pourtant, je veux parler. Oui, parler. Dans le vide peut-être. Mais au moins parler. Je ne suis pas le chien. *(Silence.)*
Hortense, Mwanda, Nelly, Lahla. Quel sera le dernier mot que tu pondras, ô ma bouche ? Je suis à cette altitude de la vie où la viande ensoleille le néant. Je crève imprenable, même de moi. Qu'attendent-ils ? Mort, regarde-moi. Je t'ai fabriquée. Tu n'arrives presque pas à me tuer. Oh, cent mille fois fier de... Cent mille volts d'orgueil. Je tout-grille. J'ai assassiné le néant. Qu'ils viennent donc, mais qu'ils viennent. J'ai disloqué l'univers. Homme. Moi. Vierge. J'ai disqualifié le vide. Le monde est un vagin d'oie. Je sors à coups de pied. Homme. Homme aller et retour.
(La porte s'ouvre.)

LE GARDIEN. – Il y a un curé si vous voulez vous confesser.

MALLOT. – Envoyez-le au pape.

LE GARDIEN. – Et la famille ?

MALLOT. – Qui est venu pour moi ?

LE GARDIEN. – Votre femme, deux gosses et une certaine Hortense.

MALLOT. – Elles peuvent entrer ?

LE GARDIEN. – Oui. Le guide vous a donné vingt minutes.

MALLOT. – Qu'elles entrent.
(Elles entrent. Hortense et Mwanda sont en larmes.)

MALLOT. – Ne pleurez pas, s'il vous plaît. Aidez-moi à mourir vif.
(Silence.)
Je vous attendrai au Paradis. Je voudrais de toutes mes forces que
Paradis il y ait.

NELLY. – Pourquoi, papa, que nous avons abandonné le quartier
Tannin ? On va habiter dans cette saleté ?

MALLOT. – Mais non, ma chérie.

NELLY. – Pourquoi qu'on est là alors ?

MALLOT, touché. – Pour passer. (Un temps.)
Viens, ma Nelly. Je vais t'apprendre une petite chanson. Et gare à
toi si tu l'oublies jamais. (Il chante.)
Mon papa
Est parti
Ô pays.
(Nelly répète.)

MALLOT. – Encore !
(Elle répète.)

MALLOT. – Mon papa
A raté
Sa Nelly.
(Elle répète deux fois.)
Ma maman
Est restée
Pour Nelly.
(Elle répète.)
Mais Nelly
A raté
Son papa.
(Elle répète.)
Ô c'est triste
De rater
Un papa.
(Elle répète.)
(Le gardien vient chercher Mallot.)

NELLY. – Où va mon papa ?

LE GARDIEN. – À la chasse.
(Nelly chante. Des condamnés passent devant la porte suivis du peloton, puis des policiers repoussant les familles. Commandement lointain puis fusillades.)

NELLY. – Hein, maman, qu'on va manger de la civette ce soir ?
(Silence puis rideau.)

LE SPEAKER. – Vous écoutez Hozana, la voix du Lebango...
(Quelqu'un a arrêté le poste.)

SILENCE

Dans la même collection

Le Lieutenant de Kouta, de Massa Makan Diabaté (roman)

Le Coiffeur de Kouta, de Massa Makan Diabaté (roman)

Le Boucher de Kouta, de Massa Makan Diabaté (roman)

Au bout du silence, de Laurent Owondo (roman)

Histoire pour toi, de Arlette Rosa-Lameynardie (roman)

L'Espagnole, de Nicole Cage-Florentiny (roman)

Nègre blanc, de Didier Destremau (roman)

Ecce Ego, de Pierre Mumbere Mujomba (roman)

Anacaona, de Jean Métellus (théâtre)

La Parenthèse de sang, de Sony Labou Tansi (théâtre)

La Tortue qui chante, de Sénouvo Agbota Zinsou (théâtre)

La Clé des Songes, de Béatrice Tell (conte)

Anthologie africaine d'expression française, de Jacques Chevrier (volume I : le roman et la nouvelle)

Anthologie africaine d'expression française, de Jacques Chevrier (volume II : la poésie)

Achevé d'imprimer sur les presses de
MAME Imprimeurs à Tours (n° 02012323)
Flashage numérique CTP
Dépôt légal 20120 - Février 2002